U0910813

中国社会科学院创新工程学术出版资助项目

民族国家与欧洲一体化
（1945—1973）

姜　南◎著

中国社会科学出版社

图书在版编目(CIP)数据

民族国家与欧洲一体化：1945～1973／姜南著．—北京：中国社会科学出版社，2013.8

ISBN 978－7－5161－2714－8

Ⅰ.①民…　Ⅱ.①姜…　Ⅲ.①欧洲一体化—研究　Ⅳ.①D85

中国版本图书馆 CIP 数据核字(2013)第 112739 号

出 版 人　赵剑英
选题策划　郭沂纹
责任编辑　丁玉灵
责任校对　王雪梅
责任印制　张汉林

出　　版　中国社会科学出版社
社　　址　北京鼓楼西大街甲 158 号（邮编 100720）
网　　址　http://www.csspw.cn
　　　　　中文域名:中国社科网　　010－64070619
发 行 部　010－84083685
门 市 部　010－84029450
经　　销　新华书店及其他书店

印　　刷　北京市大兴区新魏印刷厂
装　　订　廊坊市广阳区广增装订厂
版　　次　2013 年 8 月第 1 版
印　　次　2013 年 8 月第 1 次印刷

开　　本　710×1000　1/16
印　　张　10.5
字　　数　178 千字
定　　价　33.00 元

目　　录

导　论

欧洲一体化运动的兴起是第二次世界大战之后国际关系发展中出现的新现象。首先要对“欧洲”和“一体化”两个概念作一个简单的说明。这里所用的“欧洲”沿用了一种习惯用法。众所周知，欧洲一体化运动首先是从西欧开始的，以后逐渐扩展到欧洲其他地方，现在欧盟已扩展到中东欧。但是，当欧洲一体化运动第一个具有超国家性质的机构“欧洲煤钢共同体”成立时，就使用了“欧洲”一词，而且其章程规定这是一个“其他欧洲国家都可以加入”① 的开放性组织。以后在欧洲一体化运动的发展过程中，人们也都使用“欧洲”的概念，而没有使用“西欧”概念。因此笔者沿用这一约定俗成的用法。关于“一体化”，一般来说，广义的“一体化”是“部分结合为一个整体”，指“原本互相独立的两个或更多的单位合并成一个更大单位的过程或结果”②。而狭义的“欧洲一体化”指的是战后欧洲国家在民族国家基础上的联合和统一。这种一体化要求创立诸如“欧洲煤钢共同体”和“欧洲经济共同体”这样的“超国家机构”，各成员国向超国家机构让渡部分政策的决策权，并受到该机构的一定约束，以区别于一般的政府间合作。③ 因此，笔者在文中提及的“欧洲一体化”指战后从西欧开始的、以建立超国家机构为特征和起点的欧洲民族国家的联合进程，此后不再进行专门的界定和说明。

---

① ［法］皮埃尔·热尔贝：《欧洲统一的历史与现实》，丁一凡等译，中国社会科学出版社1989年版，第102页。

② 陈玉刚：《国家与超国家——欧洲一体化理论比较研究》，上海人民出版社2001年版，第5页。

③ Martin J. Dedman, *The Origins and Development of the European Union*, 1945－1995, Routledge, London, 1996, p. 7.

第一节　国内外研究状况

一　国外研究状况

(一) 关于欧洲一体化的综合研究

国外学术界对欧洲一体化的研究起步很早，几乎与欧洲一体化的进程同步。厄恩斯特·哈斯所著《欧洲的联合：政治、社会和经济力量，1950—1957》于1958年出版，对欧洲一体化的机构、过程和思想进行论述，对根据1957年《罗马条约》建立的共同市场进行介绍，并用"外溢"概念来解释刚刚起步的一体化。1963年，马克斯·贝洛夫出版《美国与欧洲联合》，利用大量的原始材料和档案对20世纪40—60年代美国对欧洲一体化的政策进行了论述。米里亚姆·坎普斯在1964年出版《英国与欧洲共同体，1955—1963》一书，对欧洲一体化早期英国与欧共体的关系做了论述。①

半个多世纪以来，国外学者关于欧洲一体化的著作达到了汗牛充栋的程度，研究成果相当可观。仅在国家图书馆，搜索以"欧洲一体化"、"欧洲共同体"和"欧洲联盟"为题的外文书，可达数千本。关于欧洲一体化政治和历史的综合研究，学者们主要关注一体化的进程和各种政策，如马丁·戴德曼的《欧洲联盟的起源与发展，1945—1995》、德斯蒙德·迪南的《日益紧密的联盟：欧洲一体化导论》、德里克·厄温的《欧洲共同体：1945年以来欧洲一体化史》和彼得·斯特克的《1914年以来的欧洲一体化史》等。②关于欧洲一体化进程中的各种经济政策、政治合作、欧盟法律、欧盟东扩等问题的著作和论文，更是数不胜数。

---

① Ernst Haas, *The Uniting of Europe: Political, Social, and Economic Forces*, 1950 - 1957, Stanford: Stanford University Press, 1958; Max Beloff, *The United States and the Unity of Europe*, London; Westport: Greenwood Press, 1976; Miriam Camps, *Britain and the European Community*, 1955 - 1963, Princeton, N. J.: Princeton University Press, 1964.

② Martin J. Dedman, *The Origins and Development of the European Union*, 1945 - 1995, Routledge, London, 1996; Desmond Dinan, *Ever Closer Union: An Introduction to European Integration*, 2nd Edition, The Macmillan Press Ltd, 1999; Derek W. Urwin, *The Community of Europe: A History of European Integration Since* 1945, Longman, Harlow, 1995; Peter M. R. Stirk, *A History of European Integration Since* 1914, London: Pinter, 1996.

（二）关于大国关系的研究

有关欧洲一体化进程中的大国关系研究，也有一些研究成果，如皮埃尔·热尔贝著，丁一凡等译《欧洲统一的历史与现实》，主要论述20世纪80年代以前欧洲一体化的历史、进程和政策，作者对一体化进程中各个国家，尤其是大国对一体化的态度，以及国家与国家的关系描述得很详细，具有很高的参考价值。① 1994年出版的法文修订版对1983年至1994年间一体化的进程进行了补充。②罗伊·威利斯所著《法国、德国与新欧洲，1945—1967年》对一体化早期的法德关系做了全面、详尽的论述。此外，涉及一体化进程中的大国关系的著作，还有德里克·厄温的《1945年以来西欧政治史》、托马斯·彼得森的《德国、法国与欧洲的一体化：现实主义的解释》、克莱门斯·沃尔姆主编的论文集《西欧与德国：欧洲一体化的开端，1945—1960》、约翰·扬的《英国与欧洲联合，1945—1999》、亚力克斯·梅的《1945年以来的英国与欧洲》等书。③

（三）关于一体化的理论研究

国外学术界对欧洲一体化理论的研究也具有起步早、研究成果丰富的特点。如哈斯的著作《欧洲的联合：政治、社会和经济力量，1950—1957》（1958年第一次出版，1968年第二次出版）、迈克尔·奥尼尔的《欧洲一体化政治读本》、艾伦·米尔沃德的《西欧的重建，1945—1951》（1984年出版）、《民族国家的欧洲拯救》（1992年出版，2000年再版）和《国家主权的边界：历史与理论，1945—1992》（1993年出版），约瑟夫·威勒的（中译本由程卫东等译）《欧洲宪政》（1999年出版）、贝娅特·科勒—科赫、托马斯·康策尔曼、米歇勒·克诺特的（中译本由顾俊礼等译）《欧洲一体化与欧盟治理》（1996年出版，2002年再版）、安德鲁·莫劳夫奇克的（中译

---

① 原名为 *La Construction de l' Europe*, Imprimerie Nationale, 1983.

② Pierre Gerbet, *La Construction de l' Europe*, Nouvelle édition révisée et mise à jour, Imprimerie Nationale, 1994.

③ F. Roy Willis, *France, Germany, and the New Europe*, 1945 - 1967, London: Oxford University Press, 1968; Derek W. Urwin, *A Political History of Western Europe Since* 1945 (5th *ed.*), London: Longman, 1997; Thomas Pedersen, *Germany, France and the Integration of Europe: A Realist Interpretation*, London: Pinter; New York, 1998; Clemens Wurm (ed.), *Western Europe and Germany: The Beginnings of European Integration*, 1945 - 1960, Oxford : Berg Publishers; Washington, 1995; John W. Young, *Britain and European Unity*, 1945 - 1999, MacMillan Press Ltd, 2000; Alex May, *Britain and Europe since* 1945, Longman, 1999.

本由赵晨、陈志瑞译)《欧洲的抉择——社会目标和政府权力:从墨西拿到马斯特里赫特》(1998年出版),等等。[①]

国外学术界对欧洲一体化的研究成果丰富,水平较高。但是,其研究或侧重于实证,或侧重于理论,国际政治学者对理论研究和阐释比较热衷,历史学家对实证研究情有独钟,鲜见把实证研究与理论探讨结合起来研究的学者。艾伦·米尔沃德的著作是把二者结合起来研究的探索之作,但他主要是从经济史的角度进行探讨,没有把政治和大国关系作为研究重点。安德鲁·莫劳夫奇克的著作也进行了有意义的尝试,该著作对欧洲一体化中五次有决定意义的谈判进行了集中阐释,以证明自己的自由政府间主义理论的正确性,但不是探讨大国关系的专业历史著作。总的来说,关于欧洲一体化进程中的大国关系,国外学者的研究或局限于一两个国家,或局限在很短的时间内,不够系统和全面。

二 国内研究状况

国内学者对欧洲一体化的关注最早始于对西欧共同市场的介绍,如《论西欧"共同市场"与"自由贸易区"》(世界知识出版社1959年版)、《西欧共同市场》(上海人民出版社1973年版)、北京大学经济系编著的《西欧"共同市场"》(人民出版社1974年版)和南开大学政治经济学系世界经济教研室编的《西欧"共同市场"》(商务印书馆1973年版)。对欧洲一体化的系统研究起步于20世纪80年代,伍贻康等著的《欧洲经济共同体》(1983年出版)是国内较早研究欧洲经济一体化的优秀著作,介绍了欧洲经济共同体的早期历史、经济一体化的主要内容和欧共体的对外关系,今天看来仍有重要的参考价值。同期的著作还有余开祥主编的《西欧各国经济》(1987年出版),伍贻康、戴炳然编的《理想、现实与前景:欧洲经济共同

① Ernst Haas, *The Uniting of Europe: Political, Social, and Economic Forces*, 1950 - 1957, Stanford: Stanford University Press, 1958; Michael O' Neill, *The Politics of European Integration: A Reader*, London: Routledge, 1996; Alan S. Milward, *The Reconstruction of Western Europe*, 1945 - 1951, London: Methuen & Co. Ltd, 1984; Alan S. Milward, with the assistance of George Brennan and Federico Romero, *The European Rescue of the Nation - State*, London: Routledge, 1992; Alan S. Milward, *The Frontier of National Sovereignty: History and Theory*, 1945 - 1992, London : Routledge, 1993; [德] 贝娅特·科勒—科赫等:《欧洲一体化与欧盟治理》,顾俊礼等译,中国社会科学出版社2004年版; [美] 安德鲁·莫劳夫奇克:《欧洲的抉择——社会目标和政府权力:从墨西拿到马斯特里赫特》,赵晨、陈志瑞译,社会科学文献出版社2008年版。

体三十年》（1988 年出版）和余开祥等主编的《欧洲共同体：体制·政策·趋势》（1989 年出版）。另外，在一些外交史著作中也涉及欧洲一体化历史的内容，如陈乐民主编的《战后英国外交史》（1994 年出版）和张锡昌、周剑卿著的《战后法国外交史》（1993 年出版）等。

90 年代末以来，由于欧洲一体化本身的迅速发展和中国—欧盟高等教育合作项目的推动，国内的欧洲一体化研究掀起了一个高潮，对欧洲一体化的研究更加深入，内容涉及欧洲一体化的经济、法律问题，对发展现状的追踪、欧洲一体化发展中的一些具体问题以及成员国与欧洲联盟的关系等。北京大学郭华榕、徐天新主编的《欧洲的分与合》（1999 年出版）从联合与分裂的角度研究欧洲的历史，从古代希腊、罗马到当代欧洲联盟的发展均有涉猎，视野广阔、内容丰富，堪称全景式的著作。由李世安、刘丽云等著的《欧洲一体化史》（2003 年出版）是国内第一部专门研究第二次世界大战以后欧洲一体化发展的历史著作。该书从历史的角度，考察欧洲一体化的起源和发展进程，通过分析国际局势的变化与影响，揭示第二次世界大战后欧洲一体化发生的动因、欧洲一体化不断深化扩大的深层次原因、欧洲经济一体化与政治一体化的相互关系，以及欧洲各国与欧洲一体化进程的互动关系等，对战后欧洲一体化的起源和发展脉络进行了清晰的描述和分析。洪邮生所著的《英国对西欧一体化政策的起源和演变（1945—1960）》（2001 年出版）研究第二次世界大战结束至 1960 年英国与西欧一体化的关系及其变化动因，同时探讨了美国对这一时期英国的有关决策的影响，该书资料翔实、论证有力，是研究一体化早期英国的欧洲政策的力作。赵怀普著的《英国与欧洲一体化》（2004 年出版）是全面研究英国与欧盟关系的著作。该书在作者同名博士论文的基础上进行了补充、扩展，系统地考察了战后英国的欧洲一体化政策的总体脉络及英国与欧洲的关系，分析了英国对欧洲一体化持怀疑主义态度的根源和英国转变态度加入共同体的原因，剖析了英国与欧洲关系发展演变的内在和外在原因，总结其发展规律和总体特征。马瑞映著的《疏离与合作——英国与欧共体关系研究》（2007 年出版）对第二次世界大战后到 90 年代英国与欧共体的关系进行了梳理，分析了英国对欧共体从旁观、徘徊、抗衡到参与、合作的过程。此外，国内学者还发表了一些关于欧洲一体化理论的成果，如陈乐民的《“欧洲观念”的历史哲学》（1988 年出版）是引用率很高的一本著作，对“欧洲观念”的历史演变进行了详尽、精彩的论述。陈玉刚的专著《国家与超国家——欧洲一体化理论比较研究》

(2001 年版)详细介绍了西方学者关于一体化的各种理论流派和具体主张,在比较各派观点的基础上提出了自己的看法。发表的论文有郇庆治、胡瑾的《联邦主义与功能主义之争:欧洲早期政治一体化理论》(1999 年),张茂明的《欧洲一体化理论中的政府间主义》(2001 年),房乐宪的《政府间主义与欧洲一体化》(2002 年)、《联邦主义与欧洲一体化》(2002 年)和《邦联主义与欧洲一体化》(2003 年),洪邮生《独树一帜的欧洲一体化理论——评米尔沃德的"民族国家选择论"》(2004 年),李巍《90 年代前欧洲一体化两大理论的历史演变》(2004 年),戴炳然《解读〈里斯本条约〉》(2008 年)等。

总的来说,国内学术界对欧洲一体化的研究呈现加速发展的趋势,其内容已涉及经济、政治、法律、历史、理论等各方面,但从广度和深度看,仍有许多问题有待进一步研究。关于民族国家与欧洲一体化之间的关系,目前尚未见有比较系统和深入的研究成果,相关研究有待进一步加强。

第二节 本书的选题价值、研究方法与结构

本书研究第二次世界大战结束后民族国家与欧洲一体化的关系,即欧洲一体化内部的民族国家和民族国家之间的关系及对欧洲一体化的影响。民族国家是欧洲一体化的主体,民族国家尤其是大国在欧洲一体化的进程中起着举足轻重的作用。在欧洲一体化的起步阶段,法德两国从敌对走向和解,从"世仇"变成合作伙伴,是欧洲一体化的前提和基础,对欧洲一体化的形成和早期发展起着至关重要的作用;在 20 世纪 60—70 年代,英法两国围绕英国加入共同体所产生的一系列矛盾和冲突,对英国加入共同体乃至整个共同体的扩大和发展,同样起着举足轻重的作用。因此研究各大国主要是英、法、德之间的关系是我们理解欧洲一体化的起源及其发展的关键,本书将具体分析欧洲一体化进程中大国之间的合作与冲突,从而更好地理解一体化的起源,以及各国对一体化的态度。欧洲一体化的深入演进与民族国家的延续发展之间存在着难以调和的矛盾。从理论上讲,欧洲一体化的不断推进将此矛盾的发展引入"临界点"。欧洲一体化的发展是否意味着欧洲民族国家的终结?欧洲联盟是否可以取代欧洲民族国家的地位?欧盟的性质是国家联盟还是超国家?目前学术界对此缺乏深入系统的研究,因此,本选题具有重要的学术价值和理论意义。

本书将利用大量资料对欧洲一体化进程中的大国关系进行系统的实证研究，以弥补国内外对此问题研究的不足。同时，本书把欧洲一体化的实证研究与民族国家和一体化关系的理论研究结合起来，运用国际政治学、历史学和法学的成果，进行跨学科的综合研究。

从 1945 年第二次世界大战结束到 1973 年英国加入欧洲共同体这段时期，是欧洲一体化的重要发展阶段。在这一时期，欧洲一体化的超国家机构经历了从无到有的过程，各国开始经济和政治一体化的尝试，而且各大国之间的矛盾和冲突也比较尖锐。可以说，没有这一时期的探索和尝试，其后欧洲一体化的进展和突破都是无源之水、无本之木。因此，笔者把这一时期作为研究的主要内容。

本书共分五章。第一章回顾民族国家的起源和发展，考察在民族国家的发展中产生的一体化理论，以及各种理论对民族国家作用的看法。第二章考察第二次世界大战后的国际局势和美国对欧洲一体化的支持和推动，阐述欧洲一体化从理论变为现实的背景。第三章分析法德两国如何实现从对立到缓和、从敌对到和解直至合作的转变，为欧洲一体化奠定政治基础。第四章分析英法两国之间的矛盾和冲突如何使共同体的扩大推迟了十年之久。第五章主要从欧盟的决策机构和决策特点来考察民族国家在欧盟决策和发展中的作用。

第一章　欧洲民族国家的发展与一体化理论

西欧民族国家经历了漫长的演进过程。《威斯特伐利亚条约》为欧洲近代民族国家体系的形成奠定了基础，确立了民族国家在欧洲国家政治和国际政治中的主体地位。几百年来，欧洲民族国家在不断发展、成熟的同时，也不断发生冲突和战争。欧洲人在对民族国家和对战争的反思中提出了欧洲以联合来消除战争的思想。第二次世界大战以后，一体化的思想逐步变成了现实，民族国家开始了以建立超国家机构为特征和起点的新尝试，即走向一体化。欧洲一体化所建立的超国家机构，对民族国家的形式是一种新的挑战。本章将回顾民族国家的起源和发展，考察在民族国家的发展中产生的一体化理论，以及各种理论对民族国家作用的看法。

第一节　欧洲民族国家的起源与早期一体化理论

一　欧洲民族国家的起源

欧洲民族国家是一个历史的概念。脱胎于中世纪的西欧各国，经历了以王权为中心的专制君主制的阶段，大约在16—17世纪形成了近代欧洲民族国家。

众所周知，5世纪罗马帝国灭亡之后，中世纪的西欧以分封制和强大的教会势力为特征，处于在政治上以各自的封建领主为中心，在意识形态上“只知有教，不知有国”的状态。[①] 中世纪的西欧国家不是近代意义上的主权民族国家。原因主要有两个方面。首先，西欧处于广泛的封建割据状态。西欧封建土地所有制称为封土制，土地层层封授，领有土地须以履行封臣各项义务为条件。西欧封建主之间普遍结成封君、封臣关系。封臣对封君承担

① 陈乐民：《“欧洲观念”的历史哲学》，东方出版社1988年版，第32页。

“效忠”、“帮助”和“劝告”义务；封君对封臣有“保护”和“维持”义务。封君封臣关系与重大的政治、军事和经济利益相联系，一经缔结无论封臣还是封君都不能随意解除。这种封建割据状态往往将一个国家政府的实际权力局限在国王个人领地的狭小范围内，不能对全国的土地和人民实施最高统治权。[①] 与之相对应，居民的国家意识和民族意识甚为薄弱。在英法百年战争之前，英国王室和贵族同时又是法国的诸侯，所以“英国的上流社会人士都讲法语，并以和法国联姻为荣，他们并没有明确的是英国人还是法国人的意识”[②]。其次，在中世纪的欧洲，罗马教皇成为西欧社会的无上权威，在西欧拥有强大的势力。罗马天主教会“把整个封建的西欧（尽管有各种内部战争）联合为一个大的政治体系”，“它按照封建的方式建立了它自己的教阶制。最后，它自己还是最有势力的封建领主，拥有天主教世界的地产的整整三分之一”[③]。那时，所有的天主教徒都以罗马教廷为认同中心或效忠对象。虽然也存在不少世俗的国家，但并不存在各国民众应当对自己的国家尽忠的观念。在浓重的宗教氛围下，民众没有什么民族情感，人们一般都认为自己首先是基督教徒，其次是某一地区如勃艮第或苏格兰的居民，最后——如果实在要说的话——才是某一国家的臣民，如法兰西人或英格兰人。[④]总之，中世纪时国家不能成为国民的最高认同与效忠的对象，加上罗马天主教会对各国的内政还拥有广泛的管辖权，所以政府很难有效地管理本国的一切事务。

西欧一盘散沙般的封建割据状态持续存在了几百年，直到14世纪才开始出现了抑制割据、王权强大的趋势。这主要归因于商品经济的发展和市民阶级势力的发展壮大。

中世纪末期西欧商品经济的发展，直接造成西欧封君封臣关系的松动。工商业的发展还导致了庄园制的衰微，同时促成了战争技术的进步，大大削弱了旧贵族的军事功能，而12世纪以来文化教育事业的发展也为贵族子弟提供了由武士变文人的改换职能的机会，这些情况促使大批中小封建主纷纷离开庄园和军队以投靠国王，到国王政府做官，形成一股影响深远的贵族官

---

① 郭华榕、徐天新主编：《欧洲的分与合》，京华出版社1999年版，第78、100页。

② 李毅夫、赵锦元主编：《世界民族概论》，中央民族学院出版社1993年版，第227页。

③ 《马克思恩格斯选集》第3卷，人民出版社1972年版，第390页。

④ *Nationalism: Myth and Reality*, New York, 1955, p. 61，转引自李宏图《论近代西欧民族主义和民族国家》，《世界历史》1994年第6期，第9页。

僚化潮流。当然，商品经济发展的最重要的结果，是市民阶级势力的不断壮大。14世纪，西欧已经出现了星罗棋布的城市，有了相当庞大的市民人口。作为工商业的主要从业者，市民一般都希望拥有一个和平安宁的国内市场，也希望有一个强大的国家作为他们进行国际商业竞争的坚强后盾。但是，此时的西欧正处在诸侯割据、分裂动荡的年代。因此，和平的环境、统一的国内市场和统一的国家成为市民阶级的基本诉求。而国王处在诸侯割据和罗马教皇的双重夹击下，也迫切希望摧毁这两种势力，加强王权，实现统一。于是，共同的利益使市民阶级与国王结成了联盟，成为国王打击教会和封建割据势力，实现国家统一的同盟者。在思想文化领域，资产阶级通过文艺复兴运动和宗教改革，与教会势力展开了决战。在文艺复兴运动中，资产阶级举起人文主义的旗帜，把斗争矛头直指以罗马教会为代表的封建制度。他们以人性来代替神性，以人的世俗世界来代替神的天堂；以人的个人奋斗来代替宗教宿命论，以人权代替神权。而宗教改革运动对罗马天主教进行了猛烈的进攻，摧毁了它作为普世一统的最高权威，建立了服从国王权威的民族教会，一统的基督教普世国家被分成很多独立的王权国家。

正是在市民阶级的大力支持下，西欧各国的君主一步步加强了自己的权威，实现了国家的政治统一，在15世纪末前后纷纷进入专制君主制时代，建立了以王权为中心的君主国家。这种君主国还不是近代民族国家，只是“王朝国家”。正如恩格斯所说，“国王的政权依靠市民打垮了封建贵族的权力，建立了巨大的、实质上以民族为基础的君主国，而现代的欧洲国家和现代的资产阶级社会就在这种君主国里发展起来”①。在这种以专制君主为中心的政治体制下，国王的意志就是法律，整个国家不过是国王个人的“私产”。而民众也没有形成对国家的忠诚和热爱，民族情感较为淡薄，很多士兵、学者毫不顾及自己的国家，到处奔走，服务于各国君主。② 不过，专制君主制的国家却是拥有独立、完整主权的国家形态，是近代民族国家的雏形。

在英国，30年的玫瑰战争（1455—1485年）从根本上削弱了英国的贵族割据势力，使亨利七世（1485—1509年在位）得以在资产阶级的支持下，顺利地建立起都铎家族的专制王权。亨利七世取缔了大领主的私人武装，并改革了司法程序，废除畏惧权贵的陪审团而设立“星室法庭”，以王家枢密

① 《马克思恩格斯选集》第3卷，第444页。

② 李宏图：《论近代西欧民族主义和民族国家》，第11—12页。

院的权威来打击横行霸道的贵族。这些深得人心的改革举措有力地强化了英国公众的民族情感。都铎王朝诸王在与罗马教皇的关系上从来不服从教皇的管制，到伊丽莎白一世（1558—1603 年在位）时期，英国终于彻底断绝和罗马的关系，宣布英王是英国教会的“最高管理人”，《圣经》权威至高无上，等等。英国专制制度的特色是国王的统治在相当程度上需要依靠国会的合作，原因在于议会制传统在英国特别深厚，在 1215 年的《自由大宪章》中有明文规定。即使到了专制主义时代，英国国王也不得不对国会保持应有的尊重姿态。

法国由于贵族割据势力特别强大，王权强化的过程显得极其艰巨而漫长。在 13—14 世纪期间，加佩王朝的一代代国王一度建立过相当强大的王权，但国王的权威并不稳固，所谓“法兰西王国”常常不过是几个强大藩镇的集合体，诸侯的权力很大。不过，法国君主向罗马教皇闹独立却为时很早，而且卓有成效。1296 年，菲利普四世坚持实施向教士征税的政策，被认为是长达两个多世纪的教皇权力至高无上时期结束的标志。他还把教廷从罗马迁到法国的阿维尼翁，强迫教廷与法国君主公开合作。15 世纪下半叶，路易十一大体上完成了法国领土的合并，16 世纪上半叶，弗朗索瓦一世又进一步加强了中央集权。但到了 16 世纪下半叶，由宗教改革引发的“胡格诺战争”又使法国再度彻底陷入分裂混战的状态中达 30 多年。后来亨利四世（1589—1610 年在位）于 1589 年建立波旁王朝，法国人才建立起统一的王朝国家。到路易十四（1643—1715 年在位）时期，法国的君主专制进入了巅峰状态。路易十四是法国君主专制制度最突出的代表，法国君主专制的程度之高，在全欧洲都首屈一指。路易十四宣布僧侣会议必须听命于国王。全法国三级会议也顺从路易十四的意志，在他在位期间停止召开。专制王权还增强中央政府对各省的控制。路易十四建立了内政外交委员会、财政委员会、陆军委员会、宗教委员会以及行政法院，而且所有机构都只起咨询作用，没有执行权力。各部门的行政权掌握在路易十四亲自遴选的国务秘书即大臣手里，他们通常为资产者而非贵族。直至 1789 年革命爆发，法兰西王国一直沿袭维持了路易十四创建的集权政府结构的基本形式。

君主专制国家的建立并不标志着民族国家的最终确立，相反，君主专制在一定程度上阻碍着近代民族国家的形成。17 世纪的法国思想家拉·布吕耶尔和路易十四时代的阿格索均认为“专制之下无祖国”，也就是说，当广大人民身为专制统治之下、不是独立的个体之时，他们效忠的对象是君主，不会产生热爱与忠诚祖国的感情，而这种感情正是近代民族国家建立的基础。18世纪的启蒙思想家一致认为专制之下无祖国，他们从自然法和社会契约理论入手，认为祖国是所有公民为着共同利益组成的结合体，在这个“祖国”中，所有成员都是独立的公民，都享有自由和权利，并将获得利益和幸福。因此，民族国家的终极目标是公民的自由和幸福，而君主的出发点是服务和确保自己的王朝利益，不以臣民的幸福为首要目标。所以，只有打倒专制君主，摧毁王朝国家，才能建立起真正的民族国家。①

这场反对王权的斗争以英国资产阶级革命揭开序幕，在法国大革命中达到高潮，以德国和意大利的统一宣告其结束，西欧民族国家最终确立起来。在这场反对王权的斗争中，国家主权从君主手里转移到代表国民的议会手中，“君主立宪制和共和制取代了原来的君主专制，成为民族国家的正常的国家政权形式”。另一方面，“天赋人权”、“社会契约”、“主权在民”等启蒙思想深入人心，民主主义和民族主义成为普遍的社会思潮，“民众对国家的认同得到了空前的强化，民族性和国民性得到了空前的整合”②。

西欧诞生的第一个民族国家是荷兰。它的诞生不是一个独立主权国家的整体变迁，而是西班牙统治下的尼德兰人民举行独立革命的胜利成果。1579年，尼德兰南北分裂。南方（阿拉斯同盟）继续接受西班牙的统治，革命于1585年彻底失败；北方（乌特勒支同盟）则获得了胜利，于1581年7月26日正式宣布独立，建立了欧洲历史上第一个资产阶级共和国——“联省共和国”，又称荷兰共和国。1587—1609年，荷兰与英法结盟继续对西班牙作战，最后西班牙无力再战，只好签订了12年停战协定，事实上承认了荷兰的独立。

英国是继荷兰之后出现的第二个民族国家，而且是整体王权国家向民族国家转型的第一例。英国内战后建立的共和国并不稳固，1653年，克伦威尔被授予终身“护国主”称号，共和制其实沦为个人独裁。1660年，斯图亚特王朝复辟，共和国走到了生命的尽头。复辟王朝为王朝的私利偷偷向法国出卖英国工商业的利益，同时还试图恢复天主教，结果导致1688年的“光荣革命”。斯图亚特家族的一位亲戚、奥伦治的威廉在接受国会至上原则的

---

① 李宏图：《论近代西欧民族主义和民族国家》，第12页。

② 张树青、刘光华：《关于民族国家的思考》，《兰州大学学报》（社会科学版）1999年第4期，第30页。

条件下，被迎上英国王位，确立了英国的君主立宪政体。君主立宪政体在英国的确立宣告了英国君主专制制度的终结，从而完成了向民族国家的质的转变。

波澜壮阔的法国大革命所经历的过程与英国革命的过程相似，从 1789 年到 1830 年依次走过了共和国、军事独裁、旧王朝复辟和建立君主立宪制政体等阶段。1830 年以后，法兰西民族国家初步建成。

二　主权观念的提出与近代民族国家体系的建立

随着近代民族国家的产生，国家主权的观念也应运而生。主权 Sovereignty 一词起源于拉丁文 Super 和 Superanus 二词。其中 Superanus 一词原来的意思是较高和最高。在 Sovereignty 一词嬗变成“具有最高权力”的意思之前，主权的基本含义在于它是国内最高统治权，古希腊和古罗马的哲学家和思想家对主权的这一属性做过专门的论述，如古希腊哲学家亚里士多德和古罗马著名的政治思想家、演说家西塞罗。但他们论述的最高权力与近代意义上的“国家对内对外最高权力”并不完全相同。①

近代意义上的主权概念是法国 16 世纪古典法学家和政治学家让·博丹（Jean Bodin，约 1530—1596 年）在其《论共和国六书》（1576 年）中最早提出来的，并且做了系统和全面的论证。

博丹认为，国家如同家庭一样，所有的立法、行政权力只应属于一个中心。这个中心拥有至高无上的权力，这便是国家的“主权”。家庭是国家的基础，所谓“国家”，就是“拥有最高权力的、由许多家庭及其共同所属之物构成的合法政府”②。博丹把国家比喻成一艘船，而主权则是船的龙骨，如果把船首、船尾和甲板的龙骨抽去，一艘船就只剩下木板，没有了船的样子。同样，如果没有主权，国家也就不成其为国家。③

博丹系统地论述了主权与其他权力的区别：④

第一，主权是一种绝对权力。主权是“对公民和臣民的不受法律规制的

① 王沪宁：《国家主权》，人民出版社 1987 年版，第 1 页；肖佳灵：《国家主权论》，时事出版社 2003 年版，第 15—18 页。

② ［法］琼·博丹：《论主权》（Jean Bodin，*On Sovereignty*，Four Chapters from The Six Books of the Commonwealth，Cambridge University Press，1992），影印版，中国政法大学出版社 2003 年版，第 1 页。

③ 王沪宁：《国家主权》，第 9 页。

④ 同上书，第 9—10 页；肖佳灵：《国家主权论》，第 28 页。

最高权力”。它是至高无上的永久的权力，具有最高权威和最高独立性，凭它可以任意处理财物、生命和整个国家。

第二，主权是不受限制的。它不受时间、教皇意图、政府形式，甚至法律自身的限制。政府的权力是暂时的、可代表的，而主权在权限、职能和时间上是不受限制的。因此，主权不再是一种具体的权力，而成为一切权力的最高归宿。

第三，主权是一种永恒的权力。主权的权威在于它本身，主权是国家存在的原则，具体权力的行使都要依靠这个原则。所以，他强调一个国家中的主权是“永恒的”，主权以国家的存在为基础，不论政治制度和掌权人数如何，主权作为一种自在之物总是存在的。政府可以更换，而主权永远存在。

第四，主权是一种高于法律的权力。主权高于法律，法律只是体现主权，保证社会秩序的安定，并使国家合法化。主权最重要的特征是立法权和废法权。主权包括决定宣战、媾和、任命重要官职、赦免、征税、制币、要求臣民效忠服从等多种具体权力。

博丹的重要贡献在于：第一，首次明确地使用了主权概念，并把最高权力与具体权力区别开来，引申出了抽象的主权概念。博丹的主权理论是近代主权理论发展的起点。第二，首先提出国家具有主权权力，明确了主权是国家的本质特点和权力构成的中心要素，创造了近代国家构建的基本原理，因此博丹的主权理论也是近代国家学说的基础。

但是，由于博丹所处的时代，他的主权理论也带有时代的烙印和局限性：

第一，博丹赞同以国家主权反对封建领主的割据，但他所赞同的国家主权其实是君主主权。他认为，君主政体是各种政体中最稳定合理的形式，提倡君主绝对专制。

第二，博丹提出的主权概念仅限于表述国家主权的对内最高性和神圣性，未能进一步就主权的对外特性作出有力的阐述和预见。①

一般认为，对主权的对外特性作出阐述，并在国际关系中首次引入主权学说的是荷兰政治思想家雨果·格老秀斯（Hugo Grotius，1583—1645年）。他于17世纪初发表了三卷本的鸿篇巨制《战争与和平法》，将国际法发展成为一个较为系统的国际法体系。

① 肖佳灵：《国家主权论》，第29页。

格老秀斯充分肯定了主权的意义。他指出："所谓主权，就是说它的行为不受另外一个权力的限制，所以它的行为不是其他任何人类意志可以任意视为无效的。"[①] 他认为，国家主权的内容可划分为对内主权和对外主权。国际活动的主体是主权国家，在国际活动中主权国家具有对外独立性。

为此，格老秀斯对国际关系的法律基础进行了系统的分析和阐述。他认为，世界上存在着三种法，即自然法、国际法和公法。自然法是一种普遍法，其基础不是神的意志，而是自然和人的理性。自然法是永恒的，体现了正义和公正，是最基本的、起决定作用的法。格老秀斯认为，既然自然法是国际法的基础，就应该按照自然法的原则来处理国家之间的关系，即各国都应享有天然平等的权力。[②] 也就是说，在对外主权方面，意味着国家拥有独立自主权和平等权。

格老秀斯关于国家主权的国际法律地位的论证，实际是在国际关系中首次引入了国家主权学说。他提出的国家主权的内涵不仅是指国家对内的最高统治权，也是指国家在国际上的独立权，是对博丹主权理论的补充和发展，弥补了博丹主权理论的先天不足。格老秀斯还强调主权国家是国际关系的主体，为《威斯特伐利亚条约》确立的近代民族国家体系奠定了理论基础。

西欧建立的专制王权国家并没有结束欧洲的战争状态，相反，在 17 世纪和 18 世纪，王权国家之间的王朝战争愈演愈烈，主要有三十年战争、西班牙王位继承战争、北方战争、奥地利王位继承战争和七年战争。这些战争在造成大量破坏的同时，也推动了近代民族国家体系和国际法的形成和发展。其中，1618 年至 1648 年的三十年战争和《威斯特伐利亚条约》起了重要的作用。

三十年战争是处在哈布斯堡家族势力包围下的法国、德意志诸侯以及称雄于北欧的丹麦和瑞典试图与哈布斯堡家族争夺地盘，以及新教国家和旧教国家之间的政治和宗教纷争交织在一起而引发的长期武装冲突。战争的直接起因是神圣罗马帝国皇帝马提亚斯违背诺言，要让自己的一个亲戚当波西米亚国王，被激怒的波西米亚贵族举行起义，宣布独立。哈布斯堡王朝迅速镇压了起义，并占领了波西米亚。德意志的一些新教统治者和信奉新教的丹麦及瑞典等国家君主联合起来，反对奥地利的侵略，并乘机扩张领土。1630 年，法国卷入战争

---

① 王哲：《西方政治法律学说史》，北京大学出版社 2001 年版，第 105 页。

② 肖佳灵：《国家主权论》，第 33 页。

并成为奥地利的主要对手。1635年，法国又向支持奥地利的西班牙宣战，支持法国的有萨伏依、威尼斯、匈牙利、荷兰、英国和俄国等。至此，几乎整个欧洲都卷入了战争。1644—1648年，为结束旷日持久的战争召开了马拉松式的多边和会，即威斯特伐利亚和会。会议在德意志威斯特伐利亚的奥斯纳布吕克和闵斯特尔两城举行，并签订了《威斯特伐利亚条约》。

《威斯特伐利亚条约》以国际法的形式否定了皇帝的权威，确认了神圣罗马帝国内各诸侯的权力，宣告了神圣罗马帝国的寿终正寝。该条约的第6条规定："对于神圣罗马帝国的所有选侯、邦君和各邦……应完全恢复他们在一方或另一方过去所享有的，或是可合法享有的教会或世俗领地上的一切，即使在此期间作出了任何相反的更动。"① 第64条规定："为防止今后在政权国家内产生任何争端，所有罗马帝国的选侯、邦君和各邦，应根据本协议确定和确认享有他们自古以来的权利、特权、自由、优惠、自由行使领土权，不论是宗教的，还是政治的或是礼遇性的权利，因而他们永远不能，也不应受到任何人以任何借口进行的骚乱。"②

此外，《威斯特伐利亚条约》还承认了一系列民族国家的独立，以法律的形式否定了皇帝的权威，而确立起王权的正统地位。该条约第63条规定："巴塞尔城和其他瑞士各州同过去一样享有充分的自由，并解脱同帝国的关系，因此它们在任何方面都不须服从帝国的法庭或判决。"③ 瑞士从此获得了独立国家的地位。条约还满足了法国、瑞典等国家的领土要求，将梅斯、图尔、凡尔登主教区等封建领地移交给法兰西王国，而将西波美拉尼亚等地交给瑞典王国，巩固了法国、瑞典等国家的强国地位。④

《威斯特伐利亚条约》否定了皇帝的权威，承认了诸侯以及王权民族国家的法律地位；它从实践上肯定了早期出现的一些国际关系准则，如国家主权、国家领土及国家独立原则；它还开创了用国际会议的形式解决国际争端、结束国际战争的先例，并在西欧首创了长驻外交代表机关的制度。这些都表明欧洲民族国家开始取代基督教的神权，成为欧洲国际关系的主体，由此可见，《威斯特伐利亚条约》为欧洲近代民族国家体系的形成奠定了基础，确立了民族国家在欧洲国家政治和国际政治中的主体地位。

---

① 《国际条约集（1648—1871）》，世界知识出版社1984年版，第3—4页。

② 同上书，第16页。

③ 同上。

④ 同上书，第18—20页。

三　战争与早期的欧洲一体化理论

继《威斯特伐利亚条约》之后，王权国家之间的王朝战争愈演愈烈，西班牙王位继承战争、北方战争、奥地利王位继承战争和七年战争相继爆发，连绵不断。

在西班牙王位继承战争（1702—1713 年）中，普鲁士压倒了奥地利；荷兰受到严重削弱，从此沦为小国；西班牙长期沦为法国的附庸；英国和法国崛起，成为欧洲的两大强国。北方战争（1700—1721 年）则使俄国以大国的身份被正式纳入欧洲的政治地图。奥地利王位继承战争（1740—1748 年）是普鲁士和奥地利争夺对德意志领导权的战争，结果是奥地利丧失了大片领土，而普鲁士从此跻身于欧洲列强的行列。在七年战争（1756—1763 年）中，奥地利、俄罗斯和法国瓜分普鲁士王国的企图遇到了普鲁士国王和臣民的顽强抵抗，最终没能成功；而英法角逐世界霸权的争斗以英国的大获全胜而告终。

连绵不断的战争推动了近代民族国家观念、国际关系准则和国际法的形成和发展，但是，“无休止的战争，必然引起人们对和平和安宁的向往，欧洲人民渴望在欧洲出现一种和谐的局面，各民族和睦相处，永绝兵燹。这个朴素的愿望在哲学家、思想家的著作里，就成了追求和平的哲学和探索和平的国际结构的政治学，认为，把分裂的欧洲重新结成‘联盟’、‘邦联’或‘联邦’，就可以保证欧洲的和平局面了”[①]。欧洲早期的一体化理论就是在这样的背景下产生的，因而都具有浓厚的和平主义的色彩。

（一）圣－皮埃尔的欧洲邦联思想

圣－皮埃尔是法兰西学院院士，也是出席乌特勒支和平会议的 3 位法国代表之一。在乌特勒支和平会议之后，从 1712 年开始撰写三卷本的《给欧洲以永恒和平的回忆录》，前两卷题为《给欧洲以永恒和平和方案》，第三卷题为《在基督教国家君主间建立永恒和平的方案》。《方案》的详细节录收进《卢梭全集》里，作为卢梭的《对圣－皮埃尔永久和平方案的概述和评判》一文的附录。

圣－皮埃尔认为，欧洲面临的最紧迫的任务是在欧洲建立“一个恬静、和平的兄弟之间的社会，大家生活在恪守相同格言的永恒协和的气氛之中”，

① 陈乐民：《“欧洲观念”的历史哲学》，第 43 页。

实现欧洲各民族间的“永恒的和普遍的和平”是欧洲人“最伟大、最瑰丽”的向往。[①] 如何实现欧洲国家间的永恒和平呢？圣－皮埃尔为欧洲永恒和平而设计的方案就是在欧洲建立邦联政府。他提出，所有参加邦联的欧洲国家，不分大小强弱，都服从这个邦联政府的法律。

圣－皮埃尔分析了欧洲建立邦联的有利和不利因素。圣－皮埃尔认为，除了作为把欧洲各民族结合起来的社会意识形态或精神因素的基督教文明外，他认为欧洲有六个有利于邦联欧洲的特点：（1）欧洲人分布比较平均，发展水平比较接近，各所属地区比较密集；（2）欧洲水运发达，交通便利；（3）由于血缘的联系、贸易交往的频繁、文学艺术的传播、殖民地的建立，各国君主的利益容易不断地交织融合；（4）人民相互之间交往、访问经常不断；（5）印刷术的发明和普及使欧洲各地区的知识成为欧洲的共同财富；（6）生活上的多种需求使各地区人民越来越需要相互补充。当然他也认识到欧洲各国间持续的纷争、战祸、掠夺等对立因素，强权政治的结果只能使欧洲各国间实际上经常处于战争状态，当时欧洲各国缺乏普遍接受的法律原则，各国的政治体制也埋藏着战争的种子等等。这些都是建立邦联欧洲的不利因素。圣－皮埃尔认为，欧洲的法律不是大家一起制定和批准的，没有普遍接受的原则，所以导致各国之间矛盾重重，最后不得不诉诸战争。而邦联“足以给欧洲以牢固而永恒的和平”，因为大家都受邦联的制约，所以不会有征服别国的念头；即便国与国之间有了冲突，也可以由邦联议会加以仲裁。这样一来，“谁也不再有理由企图削弱他的邻居，因为他无所惧于他的邻居；甚至谁也不再想作这样的尝试，因为根本没有任何成功的希望”[②]。

关于联盟的具体规划，圣－皮埃尔具体阐明了建立欧洲邦联的五条通则：

第一，欧洲各国由君主缔结成永久性的和不允许废弃的联盟，委派全权大臣建立议会或常设的代表会议，结盟国家的一切纠纷均在议会或代表会议通过仲裁或评判加以解决；第二，确定哪些国家拥有选派全权大臣的权力，决定议事的具体程序和轮流任主席的方式、分摊经费的份额和动用公款的手续；第三，邦联应保证每个成员国按现状治理自己的国家，其王位继承方式

---

① Rousseau, *Oeuvres Complètes* (Tome I), Paris, 1819, p. 606，转引自陈乐民《“欧洲观念”的历史哲学》，第47页。

② 同上书，第56页。

保持不变；第四，任何成员国如有违反邦联缔结的条约的行为，将受到全欧洲的审判，并被视为欧洲的公敌；第五，全权大臣有权根据各自宫廷的皇谕在议会中制定有利于自己国家的条款，但是这些条款必须符合5条通则，并需成员国一致赞成。[①]

圣－皮埃尔的设想过于理想化，连他自己也知道，他的方案消灭不了强权政治，也不能化解各国的冲突。但是，圣－皮埃尔睿智地洞察到，欧洲民族国家体系埋藏着战争的种子，因而主张各国通过联盟化解分歧，获得和平，使欧洲受益。而且，他还强调，这个联盟要成为对“日耳曼集团”的制约因素，也是为了防范和抵御当时东方的土耳其。这些思想不仅在当时有着重要的意义，就是放在现在，他的某些思想也不乏闪光之处。

（二）卢梭的欧洲联合思想

卢梭的欧洲联合思想主要表现在对圣－皮埃尔的欧洲联合方案的批评中。卢梭认为，由于国家的存在和国家为保护共国民而采取的行为造成了国家间的战争。他赞同圣－皮埃尔对欧洲国家战争原因的分析，认为正是由于在欧洲不存在能够强制各国遵守共同法律的力量，才使单个国家去追逐各国的私利，从而导致战争的爆发。因此，要防止国家间的战争，必须确立某种“聚合的权力”来保障国家间的共同利益和协调国家间的行为。然而，与圣－皮埃尔的理想主义不同，卢梭认为，由于欧洲大国间“均势”的存在，而无法形成这种“聚合的权力”。在欧洲面临的“均势”的现实中，要实现欧洲国家间的统一，只有依靠武力。但是，以武力来获取欧洲统一与欧洲联合的和平初衷是背道而驰的，因而完全不可取。

在卢梭看来，圣－皮埃尔的方案不过是一种乌托邦，是根本行不通的无稽之谈。“须知在这位老好人的全部方案里，那些东西如真能实现，是会有效果的；但是，那些实行的办法，却只不过是他像孩子一样地想出来的而已”[②]。

卢梭认为，欧洲统一只有在共和的基础上才能实现，君主是不可能接受统一所需要的限制措施的。在政治方面，他认为当时的均势体系是一种不完善的社会约束，建议成立一个国际组织，让欧洲在联邦的基础上成为一个真正的政治实体。在文化方面，他主张尊重各民族特征。卢梭勾画的欧洲大家

---

① Rousseau, *Oeuvres Complètes* (Tome I), Paris, 1819, p. 612，转引自陈乐民《“欧洲观念”的历史哲学》，第55—56页。

② 同上书，第60—61页。

庭的蓝图是：各个成员国紧密地实行国际合作，在共同的法律、道德观念和共同的宗教信仰基础上，共同建立一个生气勃勃的现实社会。①

（三）康德的欧洲联邦方案

1795 年，康德发表了《永恒和平论——一个哲学方案》，提出了以欧洲联邦的方式来实现欧洲持久和平的思想。康德的欧洲联邦思想是与他的世界主义历史观联系在一起的。他认为，战争是人间最大的祸害，和平是人民最殷切的愿望，而永恒和平的问题必须放在人类历史发展的总过程中去考察。在他看来，人类的发展遵循这样的规律：人类社会从纯粹的动物状态到野蛮状态，再由野蛮状态发展到民族国家状态，最后由民族国家状态进入到世界大同（永恒和平）状态。② 康德的欧洲联邦方案包括以下内容：

第一，通过国家间的“和平条约”来解决国与国之间的冲突。不过，这样的条约只是准备再战的临时休战条约，是权宜之计。

第二，欧洲各国都实行共和体制。他认为，共和制是唯一可以导致永久和平的政体，因为在共和制下，只有经过公民，而不是统治者的同意，国家才能决定是否应该进行战争。而公民与好战的统治者不同，公民是厌恶战争的，因为公民要承受战争所造成的灾难，而统治者无须为战争付出任何代价。③因此，共和体制是拒绝战争的体制。

第三，欧洲各国在共和制的基础上组成联邦，然后由欧洲联邦扩大为世界联邦，建立“国际政府”。康德认为，这样的联盟目的不在于为某个国家取得哪一种权力，它同时也维护其同盟国家的安全和自由。经过各种不同的联合，这种联邦就会渐进地愈来愈扩大范围。也就是说，当欧洲各民族的联邦扩大到整个世界，结成世界联邦时，世界大同就实现了，永恒和平就到来了。

在欧洲民族国家的建立和早期发展过程中，充斥着各种各样的冲突和战争。欧洲人在对战争的反思中提出了欧洲各国联合起来，建立邦联或联邦，从而达到结束战争状态，获得“永恒和平”的目标。因此，这些战争是早期欧洲一体化理论的直接催生物。战争使欧洲的思想家、理论家对刚刚建立的民族国家进行反思和批判，这种反思和批判在 20 世纪的两次世界大战中表

① ［意］玛利娅·格拉齐娅·梅吉奥妮：《欧洲统一——贤哲之梦——欧洲统一思想史》，陈宝顺、沈亦缘译，世界知识出版社 2004 年版，第 24 页。

② 陈乐民：《“欧洲观念”的历史哲学》，第 65 页。

③ Hans Reiss (ed.), translated by H. B. Nisbet, *Kant's Political Writings*, London: Cambridge University Press, 1971, p. 100.

现得更为充分。

第二节　两次大战与一体化理论

19世纪的欧洲经历了拿破仑战争、普法战争、德意志的统一、意大利的统一等事件，到20世纪初，欧洲形成了英、法、俄、德、奥、意等强国并立的格局。欧洲的联合问题，不再仅仅局限于学者和思想家的哲学思考，而且还表现为相当普遍的争取和平的运动。到19世纪后半叶，欧洲知识分子走出书斋，发起了争取欧洲和平的会议，如1849年9月在布鲁塞尔、1850年在法兰克福、1859年8月在巴黎举行的和平大会。法国大文豪雨果在巴黎和平大会开幕式上呼吁建立欧洲合众国。1867年和平大会再次在日内瓦举行，会后成立了“国际和平与自由联盟”，出版刊物《欧洲合众国》。1891年在罗马举行的国际和平大会，通过决议，敦促欧洲的所有和平团体致力于建立一个“欧洲合众国”①。然而，欧洲的战争并没有停止，而是愈演愈烈，到20世纪爆发了两次世界大战，把战争的残酷性推到了极致。而战争反过来又对欧洲联合产生了巨大的影响。

一　两次世界大战间的欧洲联合思想

（一）第一次世界大战与欧洲联合

进入20世纪以后，欧洲联合运动的影响力更大了。除了知识分子外，政界和经济界都参加进来了，希望通过政治和经济上的合作淡化敌意、防止战争。

1900年6月，法国政治科学自由学派在巴黎举行会议，会议的第一项议程就是“欧洲联邦”问题。会议讨论了“欧洲联邦”的组织问题、地理范围，包括“关税同盟”在内的经济联合、合作等等。英籍德国实业家马科斯·瓦希特提出，欧洲体系应该以英国和德国为核心。1908年，瓦希特与意大利的卡撒诺王子联合倡议举行“欧洲联邦”大会，1914年年初，他广泛联系了西欧的实业界人士，在伦敦建立了“欧洲统一联盟”，旨在加强各国的经济合作。荷兰学者乔治·路特麦尔发表题为《欧洲合众国》的小册子。他建议欧洲建立四个地区性的“联邦”，即：日耳曼联邦、盎格鲁—拉丁联

① 陈乐民：《“欧洲观念”的历史哲学》，第133—135页。

邦、东欧联邦和俄罗斯联邦。①

第一次世界大战爆发后，欧洲人对以“联邦”求和平更加向往。战争促使欧洲人反思欧洲的民族国家和民族主义，联邦主义的呼声更高了。欧洲许多地方都组织了以“欧洲”命名的反战团体。其中由一批德国和奥地利知识分子组成的“新祖国同盟”反战宣传十分得力。其创始人包括路德维格·斯泰因、阿尔伯特·爱因斯坦等知名人士。这个组织与法国作家罗曼·罗兰来往密切。当时，罗曼·罗兰正从事反战活动，猛烈抨击欧洲的“民族主义”。1916 年，“新祖国同盟”被德国政府宣布为非法。

1915 年春，法国图书馆学家库尔尼埃在《通过法律走向和平》上发表题为《文明世界的经济组织》的文章，主张以经济联合来解决欧洲的问题。他认为应把关税同盟作为经济联盟的基础，先从欧洲搞起，然后普及到全世界。

1916 年，曾两度出任法国外交部长的加布里埃·阿诺托发表题为《新时代》的长篇论文，他认为研究战争结束后国际安排的大会可以成为联合的欧洲的“立宪议会”，然后产生一个“欧洲政府”和一支欧洲“武装力量”。

法国的联邦主义组织“区域主义者行动联盟”，由于组织者多是尊崇蒲鲁东的区域互助学说的人，所以被称为“蒲鲁东协会”，他们认为世界性的国际联盟只有通过区域性的联盟的组合才能实现。意大利联邦主义的代表人物是热那亚大学经济学教授阿提利欧·卡比亚蒂和实业家吉奥瓦尼·阿涅利。他们认为欧洲之所以纷争不已，原因在于民族主义情绪太强。组织世界性的国际联盟，只不过是主权国家的松散结合，不能消除民族主义造成的弊病。只有在欧洲实行联邦才能克服民族主义弊病，具体的设想是以联合的防务和欧洲议会作为联邦的基础。瑞士哲学教授、《知识和生活》杂志主编恩内斯特·包威则认为欧洲可以按瑞士联邦的模式加以改造。②

（二）库当霍夫 - 卡莱吉的“泛欧运动”

在第一次世界大战以后，鼓吹欧洲联合时间较长、影响较大的是里查德·库当霍夫 - 卡莱吉和他倡导的“泛欧运动”。库当霍夫 - 卡莱吉的身世即带有世界主义的色彩。他母亲是日本人，父亲兼有荷兰与希腊血统。他本

① 陈乐民：《“欧洲观念”的历史哲学》，第 185—186 页。

② 同上书，第 187—191 页。

人出生时是奥地利人，1939 年又加入了法国国籍。1923 年，库当霍夫 - 卡莱吉出版了《泛欧洲》一书，系统论述了他的泛欧理论。[①]

首先，“泛欧洲联邦”是库当霍夫 - 卡莱吉解决欧洲分裂和战争状态的方案。他认为，第一次世界大战后的欧洲，主要的特征就是“乱”，在这种分裂和混乱的状况下，“欧洲均势”是不可能存在的，所以不如把所有欧洲国家组成一个“泛欧洲联邦”，使欧洲从分裂与战争走向和平与秩序。

其次，“泛欧洲联邦”的效仿模式是美国。美国的联邦主义体制深受库当霍夫 - 卡莱吉的青睐，他认为美国式的联邦是欧洲效仿的榜样。“在一个世纪以后，欧洲应该继美国之后宣布自己的‘门罗主义’：即‘为了欧洲人的欧洲。’”

再次，“泛欧运动”可以从东欧扩展到整个欧洲大陆。库当霍夫 - 卡莱吉提出，泛欧运动可以从多瑙河地区的奥地利和捷克开始，然后向北延伸到波兰和波罗的海诸国，向南延伸到巴尔干地区。五个多瑙河国家可以先联合起来，推动“东欧合众国”向“欧洲合众国”扩展。

最后，库当霍夫 - 卡莱吉的“泛欧联邦”包括欧洲大陆国家和它们的海外殖民地，但不包括英国和苏联。

1924 年，库当霍夫 - 卡莱吉创建了“泛欧同盟”，总部设在维也纳。泛欧运动得到了欧洲许多政界人物的支持，如法国的阿里斯蒂德·白里安、德国议会议长保罗·洛贝、奥地利首相伊格纳茨·塞佩尔等，在经济界和知识分子中间也广为流传，影响很大。

（三）白里安的欧洲联盟计划

库当霍夫 - 卡莱吉的“泛欧联邦”虽然获得了欧洲各国许多政界和商界人士的支持，但是它毕竟只是一个民间的运动。在欧洲第一次由政府提出的正式欧洲联合计划是法国总理阿里斯蒂德·白里安于 1929 年提出，1930 年正式发表的《关于建立欧洲联邦同盟的备忘录》，也被称作“白里安计划”。

白里安曾在几届法国内阁中任职，他于 1929 年 9 月 9 日在国际联盟会议上提出了建立“欧洲联邦”的想法，他说：“我认为，如同欧洲那样，在地球上相互依存的各国人民，应该建立某种联邦关系。……当然，结盟主要涉及经济领域，因为这是最突出的问题。……无论在政治领域，还是社会领域，在不损害任何国家主权的情况下，这种结盟的联邦关系是能够让人从中

① 陈乐民：《“欧洲观念”的历史哲学》，第 201 页。

受益的。”[①]

1930 年 6 月 30 日，法国起草的关于建立“欧洲联邦”的《备忘录》被寄给除法国之外的 26 个欧洲国家。这份被称作“白里安计划”的备忘录建议在国际联盟之内建立欧洲的安全体系，并建立像国际联盟那样的欧洲联盟。欧洲联盟由国际联盟的欧洲成员国组成，建立在成员国各自保持其绝对主权和完全的政治独立基础之上，强调“联邦并非建立在统一（unity）的观念基础上，而是建立在联盟（union）的观念基础上”[②]。备忘录提出，有必要建立一个由各国政府代表组成的“欧洲会议”、一个由部分“欧洲会议”的成员组成的常设政治委员会作为执行机构、一个负责各成员国与欧洲会议和政治委员会之间沟通的秘书处。

白里安计划的另一个重要内容是加强欧洲各国的经济合作，建立欧洲共同市场，促进各国商品、资本和人员的自由流动。

白里安计划并没有得到欧洲国家实质性的支持，尤其是英国和德国实际上都拒绝了白里安计划。英国政府在一份备忘录中称白里安计划是“令人吃惊和失望的”，“充满了暧昧和令人不解的理想主义”[③]。英国认为“欧洲联邦”是唯一能够保证欧洲大陆的和平与繁荣的手段，但是英国永远也不能参加这样的联邦，因为英国的利益在于大英帝国。《每日快报》发表的文章写道：“我们的人民既不想在经济上也不想在政治上属于欧洲。召唤我们的是比这个更加高贵的前途。”丘吉尔也婉转地表达了同样的意思：“即使没有大英帝国和俄国，欧洲的群众一旦团结起来，一旦组成联邦或部分地组成联邦，一旦觉悟到他们都属于一个共同的欧洲大陆，也会成为一个无可比拟的组织。至于英国，我们和欧洲站在一起。但不属于欧洲；我们和欧洲连在一起，但不被包括在内。”[④] 而德国则对计划中的政治合作部分充满戒心，甚至敌意，认为法国可能借此建立在欧洲的主导地位。德国所关心的是解除凡尔赛条约的束缚，重获大国地位。

白里安面对各种反对意见也退缩了，他不再建议建立备忘录中提到的那

---

① ［意］玛利娅·格拉齐娅·梅吉奥妮：《欧洲统一——贤哲之梦——欧洲统一思想史》，陈宝顺、沈亦缘译，第 67 页。

② Peter M. R. Stirk and David Weigall (ed.), *The Origins and Development of European Integration: A Reader and Commentary*, London and New York: Pinter, 1999, p. 19.

③ Ibid., p. 20.

④ ［法］皮埃尔·热尔贝：《欧洲统一的历史与现实》，丁一凡等译，第 33—34 页。

些专门机构，而仅仅建议组织一个研究欧洲联合的委员会。1932 年，白里安去世后，委员会便停止活动，乏人问津了。

二　第二次世界大战与欧洲联合思想

(一) 1940 年的“英法同盟”计划

为保卫和平的欧洲联合没有实现，第二次世界大战使欧洲重燃战火，那么能否把欧洲联合起来以赢得战争的胜利呢？英法两国都有人想到了这一点。战争一开始，英国历史学家汤因比就设想建立英法同盟的可能性，以共同反对希特勒。1940 年春，汤因比拟订了一份报告，建议英法两国合并防务力量、合并对资源的控制权和外贸；他还建议创立一种英法共同的公民身份；建议双方实行共同的殖民政策，并发展共同的议会控制权。汤因比的方案在法国受到热烈欢迎，但是，英国内阁对他的方案却不感兴趣。

在法国，让·莫内也在考虑法英同盟的问题。早在第一次世界大战时，莫内就与英国同事合作，组织盟国间海运委员会，让英国、法国、意大利和美国共同使用船只，为盟国解决给养危机作出了贡献。第二次世界大战打响后，莫内又负责组织和领导法英协作委员会，在英法两国间进行运输、军需供应等方面的合作。两次英法合作的经验使莫内考虑如何更广泛、更持久地实现这种合作。他向当时的英国首相内维尔·张伯伦谈到建立英法同盟的想法，张伯伦原则上表示支持。法国被占领后，6 月 15 日，让·莫内与英国外交部的常任秘书罗伯特·范西塔特爵士、首相丘吉尔的秘书等一起起草了一份文件。

英国内阁当天审议了这份文件，并在次日举行会议，对法国政府提出建议：“两国政府声明，从今起法国和英国不再是两个民族了，而是一个法英同盟。法英同盟将在国防、对外政策、财政和经济方面建立共同的机构。所有法国公民立即享有英国公民的资格，所有英国公民也都成为法国公民。两国将分担在它们的领土上发生的战争所造成的损失，它们的资源也同样将共同用来医治战争的创伤。战争期间，将只有一个战时内阁，所有英国和法国的陆、海、空军将由它指挥。战时内阁在最合适的地方执政。两国议会也正式联合起来……”①英国政府试图通过这个方案鼓励法国政府抵抗德国，然而，贝当元帅已经决定与德国签订停战协定，法英同盟落空了。事实上，英国政府提出这个建议也是非常实用主义的，不过是鼓励法国政府坚持战斗的

① ［法］皮埃尔·热尔贝：《欧洲统一的历史与现实》，丁一凡等译，第 39 页。

权宜之计。更有意思的是，1945 年春天，当法国解放之后，英国政府又通知法国政府撤回它那份建议，足见英国政府在此问题上并无诚意。但是，通过英法同盟事件足见战争对欧洲联合的影响，尽管这一次是比较另类的影响。

（二）抵抗运动和盟国中的欧洲联合思想

各国的抵抗运动都十分关注战后欧洲的命运，希望战后的欧洲能有别于第一次世界大战后的欧洲，能组织起来。欧洲联合的思想在抵抗运动中很流行，抵抗运动领导人相信，民族主义是战争的根源，认为欧洲需要超越国界，建立欧洲联邦，消除战争和战争给欧洲带来的灾难。

著名的联邦主义者阿尔蒂埃罗·斯皮内利被法西斯特别法庭流放到文托特内岛。1941 年，在同被流放的经济学家恩内斯托·罗西的帮助下，斯皮内利在文托特内岛上完成了一份为欧洲联邦而努力的宣言《争取自由、统一的欧洲宣言》，又称《文托特内宣言》。斯皮内利承认各民族国家在历史进程中所发挥的积极作用：

> 民族独立的思想意识曾经是人类文明进步的巨大动力，它克服了地方主义的混乱，实行了广泛的团结，共同反对外国统治者的压迫；它消除了人员交流和物资流通领域的种种障碍；它让人民在本土范围内享受教育，享有文明而有秩序的生活。[①]

但是，他认为“民族国家的绝对主权导致了各个国家都想支配别国的欲望。而且，每个国家都试图把自己的影响范围扩大到更广阔的地域……这种支配的欲望不可避免会导致最强大国家对所有其他国家的霸权”[②]。也就是说，民族独立的意识已经发展成为资本主义、帝国主义，并导致极权国家的产生和引起世界大战。他认为，如今民族已成为一种神圣的东西，一种必须只考虑自己的存在、自己的发展的有机组织，而毫不顾及别人可能会由此受到什么损害。[③]因此，民族国家的积极作用已经完结、已经退化，而重新获得

---

① ［意］玛利娅·格拉齐娅·梅吉奥妮：《欧洲统——贤哲之梦——欧洲统一思想史》，陈宝顺、沈亦缘译，第 94 页。

② Trevor Salmon and Sir William Nicoll（eds.），*Building European Union：A Documentary and Historical Analysis*，Manchester and New York：Manchester University Press，1997，p. 18.

③ Walter Lipgens（ed.），*Documents on the History of European Integration*，*Vol.* 1，Berlin，New York：Walter de Gruyter，1985，p. 474.

自由的办法是“彻底铲除把欧洲分裂为各个主权民族国家的现状”，以便“建立一个将成为几个世纪以来欧洲范围内出现的最伟大、最具创新精神的创造物的新机体”①。他认为，欧洲所存在的问题都可以通过一个欧洲联邦得到有效的解决。

1942年，斯皮内利在《欧洲合众国和各种政治趋势》中，对他提倡的联邦体制作了具体的说明，即：(1) 允许每一个国家以最适合其文明的水平与特征的方式发展其民族生活，创建和管理一个所有成员国都同样遵守的国际法主体；(2) 应当授予联邦能够保证永远消除排外主义民族政策的权力；(3) 联邦必须有权建立和使用军队，实施对外政策，确定成员国的行政权力；(4) 发行单一联邦货币；(5) 联邦内部所有公民可以完全自由流动；(6) 建立一个独立于成员国行政机构的联邦行政体制；(7) 为保证联邦行政机构正常运行，联邦有权直接向公民征收必要的税额；(8) 应该建立一个由公民直接参与的立法机构和监督组织，而不只是由成员国的代表组成。他认为，这样的一个欧洲合众国是消除帝国主义和军国主义的必不可少的条件。②

在比利时和荷兰的抵抗组织中也有联邦主义倾向。在法国的地下刊物中也出现了对欧洲统一的向往。《战斗报》、《抵抗》杂志和《人民报》在1942年和1943年都要求胜利以后建立一个欧洲合众国。1944年6月，法国支持欧洲联邦委员会在里昂成立，并与其他国家的抵抗运动取得了联系。7月，一些国家的抵抗运动代表在日内瓦发表了《欧洲抵抗运动声明》，宣称只有一个联邦制的联盟才能保证欧洲大陆的自由与文明，使欧洲经济得以重建，使德国人民能和平地参加欧洲生活。因此，他们主张建立一个凌驾于各国政府之上的负责的欧洲政府，并建立一支欧洲军队和一个欧洲法庭。

在未占领国，支持欧洲联邦的运动也发展壮大起来。在英国兴起了联邦协会运动，不仅为欧洲联邦制，也为世界的联邦制而努力。库当霍夫－卡莱吉伯爵避难到美国，1942年在纽约大学成立了战后欧洲联邦研究所，并组织了有流亡国外的欧洲政治家参加的泛欧运动大会，使欧洲合众国的思想在美国的新闻界传播开来。

---

① ［意］萨尔沃·马斯泰罗内主编：《当代欧洲政治思想（1945—1989）》，黄华光译，社会科学文献出版社1998年版，第216页。

② Trevor Salmon and Sir William Nicoll (eds.), *Building European Union: A Documentary and Historical Analysis*, pp. 19—20.

各国在伦敦的流亡政府都很关心战后欧洲的安排，认为有必要联合起来。于是，比利时人与荷兰人之间开始进行关税同盟的谈判；希腊人与南斯拉夫人签订了协议；波兰人与捷克人也建立了协调委员会。比利时流亡政府的外交大臣保罗－亨利·斯巴克则希望比利时、荷兰和法国以及三国的殖民帝国进行经济、政治和军事的联合。而波兰政府总理西科尔斯基将军和捷克斯洛伐克、挪威、比利时、荷兰、卢森堡、希腊、南斯拉夫以及自由法国的政府都进行了接触，建议在地区性联邦的基础上成立一个安定和自由的欧洲共同体。

法国民族解放委员会对战后欧洲也十分关心。让·莫内成为委员会的军需与武器装备委员。1943 年 8 月 5 日，莫内向委员会提交了一份报告，提议建立一个"联邦或一个欧洲实体，由它来组织一个共同的经济统一体"，他警告说，"如果各国重新在国家主权的基础上组成，就必然带来以求提高威望的政治和经济上的贸易保护主义，欧洲也就不会有和平"①。次年，莫内向美国《幸福》月刊记者说，他设想由欧洲权力来管理鲁尔地区的煤炭和钢铁，各国在这上面把主权移交给这个欧洲权力，并建立一个巨大的市场。戴高乐将军代表法国民族解放委员会发表的讲话显然更倾向于经济联合，他说，"为使复兴的欧洲大陆能有一个符合我们时代条件的平衡，我们觉得应该在欧洲实现某些集团，当然，各国的主权不应受到损害。法国方面认为，主要在经济上和我们一起实现一种最广泛的西方集团会带来许多好处……"②然而，法国在联合的实践方面进展甚微，只在 1945 年 2 月 23 日和比利时签订了一项经济协商条约，后扩大到荷兰和卢森堡。荷兰、比利时和卢森堡三国在关税同盟方面却取得了进展，1944 年 9 月 5 日，三国签订了关税同盟协定。

两次世界大战是人类历史上规模最大、涉及人口最多、最惨烈的战争，因此，两次世界大战对欧洲人的震动是巨大的，对欧洲一体化思潮的进一步发展起到了促进作用，尤其是第二次世界大战。主张欧洲联合的人们谴责民族国家及其主权对第二次世界大战的爆发负有责任，决心借助联邦的方式重塑欧洲，确保战争不再发生，上文提到的斯皮内利即是其中最有影响的代表人物。

通过对第二次世界大战前欧洲联合思想的梳理，可以看出战争对欧洲联

---

① ［法］皮埃尔·热尔贝：《欧洲统一的历史与现实》，丁一凡等译，第 44 页。

② 同上书，第 45 页。

合思想产生了巨大的影响。“历史上每一次较大规模的战争前后，要求联合的呼声就会高涨起来，每一种联合方案也总是与探索某种和平结构相联系。”[①]无论是早期的一体化理论还是抵抗运动中的欧洲联合思想，无论是白里安的“欧洲联盟”计划还是第二次世界大战中的“英法同盟”计划，无论是试图以联合来消除战争的努力还是试图以联合来赢得战争的期望，无不体现着战争对欧洲联合思想的影响。尤其是20世纪两次世界大战的残酷惨烈，使欧洲人对民族国家和战争的反思达到了空前的程度，可以说，战争直接催生了欧洲一体化的许多思想和理论，并在第二次世界大战后逐步演化成欧洲一体化的实践。正是战争与欧洲联合思想之间这种千丝万缕的联系，使第二次世界大战前的欧洲联合思想带有明显的和平主义色彩。

正是由于战争留给欧洲人的惨痛记忆，使他们在第二次世界大战后欧洲一体化的发展初期，把防止战争作为一体化的主要目的。在战后欧洲一体化的实践中，一体化的欧洲迄今已保持了数十年的和平，也使欧洲一体化的理论实现了其和平主义的初衷。

第三节　战后一体化的发展与理论

第二次世界大战结束后，国际局势发生了巨大变化。第二次世界大战最深刻的影响是它极大地改变了世界范围的力量对比，彻底打破了几个世纪以来形成的欧洲中心的国际格局，欧洲各国无论是战胜国还是战败国，都被大大地削弱了。在欧洲大国中，德、意因战败而退出争霸的历史舞台，英、法虽然跻身于战胜国之列，但是付出了沉重的代价，它们不仅没有像在第一次世界大战中那样掠取到新的殖民地，连原有的殖民统治也岌岌可危。“欧洲已经成为一片废墟，战争给各国带来的破坏都是普遍性的”，“没有外援的话，它们要想重新站起来，甚至只想继续生存下去都是不可能的”[②]。欧洲不再是世界政治权力的中心。世界权力的天平，取决于非欧洲的美国和半欧洲的苏联。战后不久，美、苏两国结束了战时联盟关系，拉开了冷战的序幕。冷战把欧洲推到了美、苏对峙的前沿阵地，欧洲人梦寐以求的安全与和平又

① 严双伍：《第二次世界大战与战后欧洲一体化起源研究》，武汉大学出版社2004年版，第256页。

② ［法］皮埃尔·热尔贝：《欧洲统一的历史与现实》，丁一凡等译，第48页。

面临着严重的威胁。西欧国家凭借单个国家的力量不仅无力与美、苏较量，连生存都成问题。西欧需要美国的经济援助，需要联合起来求生存、求发展。因此，经济复兴与联合成为欧洲生存和发展的现实需要。

在这样的背景下，战后欧洲联合运动如火如荼地开展起来。1946年9月19日，丘吉尔在瑞士苏黎世大学发表题为“欧洲的悲剧”的演说，鼓吹建立“欧洲合众国”。1948年5月，各种各样的欧洲运动在荷兰海牙举行了第一次聚会，把战后初期的欧洲统一运动推向高潮。1949年5月5日，英、法、荷、比、卢、意、丹、挪、瑞典、爱尔兰等10国外长在伦敦签署了欧洲委员会章程，10月，欧洲委员会在法国的斯特拉斯堡成立，在政治和议会方面进行合作。

除此之外，1948年3月，英、法、荷、比、卢5国代表缔结了《布鲁塞尔条约》，在军事和外交方面进行合作。1949年4月4日，美国、加拿大与《布鲁塞尔条约》的5个缔约国以及意大利、葡萄牙、丹麦、爱尔兰和挪威签署《北大西洋公约》，把欧洲防务纳入美国的领导下。1948年4月16日，在美国的支持下，荷兰、比利时、卢森堡、英国、法国、意大利、爱尔兰、冰岛、丹麦、挪威、瑞典、瑞士、奥地利、土耳其、希腊、葡萄牙和德国西部占领区的军事指挥官签订了合作协议，成立了欧洲经济合作组织（1949年西德、1959年西班牙也相继加入），负责分配总数为130亿美元的马歇尔援助，努力使各成员国稳定财政和货币、发展出口、进行生产机构的现代化、协调投资等，促进各国的经济合作和相互间的贸易。1951年，荷兰、比利时、卢森堡、法国、西德和意大利在巴黎签订了《建立欧洲煤钢共同体条约》。次年，建立了超国家机构——高级机构，成立了“欧洲煤钢共同体”。西欧联合逐步从一种思潮变为现实。

第二次世界大战结束后，欧洲一体化的发展超出了一体化先驱者和理论家们的想象，战后的一体化理论更是丰富多彩、门派众多。但是，如果按关于民族国家在一体化中的作用的看法来分的话，大致可分为超国家主义和国家中心主义这两种大相径庭的理论。

一　超国家主义的理论

（一）联邦主义

联邦主义有着悠久的思想渊源，如康德的《永恒和平论》就提出了以欧洲联邦形式实现永恒和平的思想。两次世界大战期间，奥地利的库当霍夫－

卡莱吉领导的泛欧运动和法国总理阿里斯蒂德·白里安提出的“白里安计划”都被视作联邦主义的代表。第二次世界大战期间，著名的联邦主义者阿尔蒂埃罗·斯皮内利倡导的欧洲联邦主张影响较大，推动了大量地区性组织的出现。欧洲各地的抵抗运动组织纷纷呼吁在战后建立以超国家的政府、单一的联邦军队以及联邦最高法院等基本框架为核心的“欧洲联邦”，从而消除所谓欧洲主权国家之间长期存在的战争危险。

战后初期，联邦主义运动在欧洲发展迅速。1946 年，包括 50 来个联邦主义运动组织的欧洲联邦主义者联盟（1959 年改名为欧洲联邦主义运动）在巴黎成立，为建立一个超国家的欧洲联邦而积极活动。联邦主义的倡导者并非仅以学者或思想家为主，而是包含了许多主张联合的政治家和社会活动家，如法国的让·莫内、罗伯特·舒曼，联邦德国的康拉德·阿登纳和比利时的保罗－亨利·斯巴克等的主张都被视为联邦主义思想的重要体现。

斯皮内利在战后继续为建立欧洲联邦而奋斗。他于 1957 年发表了具有新纲领性质的《欧洲联邦主义者宣言》，认为“欧洲合众国是欧洲人对历史向他们发出的挑战所能作出的唯一回答。建立欧洲联邦实际上就是对未来的呼唤和回答，这种呼唤要求欧洲各国人民变成一个单一的欧洲人民”①。1957 年他还发表了《第二次世界大战以来欧洲运动的成长》一文，继续阐述他的欧洲联邦思想。他认为，第二次世界大战中欧洲国家的经历冲击了人们对民族主义和主权国家原则的迷信和崇拜，促使人们思考欧洲的新出路。在对战后流行的民主的思潮有重要影响的自由主义、社会主义和基督教民主主义者中，都可以找到欧洲统一的同情者。②

与斯皮内利一样，大多数联邦主义者的基本出发点都是认为主权国家不可避免地过时了：经济上，由于市场狭隘、投资机会有限，因而缺乏生命力；政治上，由于民族主义会产生极权主义和军国主义倾向，因而是反动的。民族国家有必要过渡到新的超国家的机构，才能避免极权主义和军国主义的产生。这是因为民族主义容易助长两种危险倾向：一是在国内往往导致极权；二是在国际间引发冲突和动荡。20 世纪两次世界大战在欧洲首先爆发的惨剧被联邦主义者视为绝好的例证。总之，他们认为，欧洲各民族国家只有否定自我，建立

① ［意］萨尔沃·马斯泰罗内主编，《当代欧洲政治思想（1945—1989）》，黄华光译，第 220 页。

② 黄正柏：《斯皮内利的欧洲联邦思想和争取欧洲联邦的早期努力》，《华中师范大学学报》（人文社会科学版）第 43 卷第 1 期，2004 年 1 月，第 65 页。

超国家的欧洲联邦，才能消除它们之间的冲突，实现欧洲的和平与稳定。[①]

联邦主义者认为，建立一体化联邦必然要制定宪法。实现的手段有两种。一种是举行立宪大会。立宪大会将起草一个联盟条约作为最初的联邦宪法，然后由成员国接受并落实。另一种是直接的政府间协定。他们认为，建立一个超国家联邦体制涉及到成员国把有关主权让渡给中央政府，这只能通过政府间协商才能实现。[②]

联邦主义主张在西欧建立一个欧洲联邦或欧洲合众国，进而把苏联和东欧包括进来，实现整个欧洲的和平与民主。但是，随着东西方冷战的爆发和欧洲煤钢共同体的创立，欧洲一体化首先在西欧国家发展起来，越来越多的人开始关注一体化的动力和实现手段的问题，功能主义的理论开始盛行。

（二）功能主义和新功能主义

戴维·米特兰尼创立的功能主义提出了一种国际一体化方法，即“功能的替代方案”，来构建战后的世界体系。“主权的内容和形式可以通过不明显的和部分的权力转移至更为有效的国际组织而受到限制，因为它们不触及大量小国家因此保持其独立地位的基础性原则。……也就是说，国家平等这一最神圣和不容侵犯的国际原则，也许可以通过这种既能让其交出部分权力又不直接剥夺其主权的功能化安排而被最终削弱。”[③]实际上是把政治和技术的因素明确区分开来，以便将功能非政治化从而不触及政治主权问题。他认为，在一个国家的范围内，民族国家的职能将逐步让位于功能性国际组织，特别是功能性的利益集团；国家在走向非政治化。在国际的范围内，主权国家的作用在逐步削弱，功能性的国际组织（包括政府间的，特别是非政府间的）的作用在不断加强。[④]

以哈斯为代表的新功能主义反对米特兰尼对政治性与功能性的截然划分，也反对其可以通过建立国际水平上的功能性组织以挖空民族国家政治权力的假定。他认为，政治权力和经济福利是难以分割的。经济与政治、政治家和专家的截然区分并不存在，因为技术化的决策基于一个先行的政治性决

① 房乐宪：《联邦主义与欧洲一体化》，《教学与研究》2002年第1期，第66页；Michael O' Neill, *The Politics of European Integration: A Reader*, London: Routledge, 1996, p. 21.

② 郇庆治、胡瑾：《联邦主义与功能主义之争：欧洲早期政治一体化理论》，《欧洲》1999年第6期，第6页。

③ 同上书，第8页。

④ Michael O' Neill, *The Politics of European Integration: A Reader*, London: Routledge, 1996, p. 32.

定。但是，经济或技术和政治可以相对区分，这是新功能主义理论的基础。基于这种假定，新功能主义认为，一体化可以理解为对由于管理需求“外溢”产生压力的反应，而管理需求“外溢”导致功能“外溢”。一体化国际机制能够更好地处理民族国家所不能解决的那些跨国经济问题，这导致管理经济的职能从民族国家向超国家机构过渡。一旦这种一体化机制建立起来，“外溢”效应将推动一体化不断发展和深化。欧洲一体化进程首先是经济一体化逐步推进并外溢到越来越多的区域，越来越多地侵占政治领域，直至一个临界点。一体化的发展不断侵蚀民族国家的主权，最终将导致一个新生的政治共同体的出现。哈斯指出：“政治一体化是一个进程，通过这一进程几个处在不同国家环境中的政治行为体被说服将其忠诚、期望与政治行动转向一个新的中心，该中心的机构拥有或要求拥有对现存民族国家的管辖权。”①

20 世纪 50 年代和 60 年代初期，欧洲共同体在经济一体化领域取得了重大成就。1957 年，欧洲煤钢共同体六国在罗马签订了《建立欧洲经济共同体条约》和《建立欧洲原子能共同体条约》，合称《罗马条约》。1958 年，条约正式生效，欧洲一体化超出煤钢这种特定的经济部门开始向整个经济部门扩展。新功能主义正是在这样的背景下，以比较乐观的视角来阐释一体化的动力和发展，认为“外溢”会导致一体化滚雪球似的从一个领域自动“外溢”到其他领域。

联邦主义关注一体化的结果，即建立一个欧洲联邦或欧洲合众国；而新功能主义关注的是一体化的动力问题，即通过“外溢”这个方式，让一体化获得不断向前走的动力，从一个领域发展到另一个领域。在民族国家的作用方面，两个流派的看法有相似之处。联邦主义认为民族国家已经过时，有必要过渡到一个新的超国家的机构；而新功能主义侧重一体化的过程而非特定的结果，在一体化的过程中，国家主权将会不断削弱，各国的公民也将把认同感从民族国家政府逐渐地向超国家机构转移。

二　国家中心主义理论

（一）邦联主义

邦联主义是与联邦主义并行对应的一体化理论，也是随着民族国家的形

① Ernst Haas, *The Uniting of Europe: Political, Social, and Economic Forces*, 1950 - 1957, Stanford: Stanford University Press, 1958, p. 16.

成和发展而出现的，如圣－皮埃尔的欧洲联合思想就被视为早期邦联主义的重要体现。第二次世界大战后，随着欧洲一体化的实质性进展，围绕欧洲联合的最终目标和方法等，邦联主义的看法与联邦主义的看法区别十分明显。

学者们首先对邦联的定义进行了界定。莫瑞·福西斯认为，邦联不是一个国家，不是在一个政治实体中的个人组成的联盟，而是各个国家的联盟。[①]福西斯把邦联看做一个契约性的产物而不是一个正式国家，它本身不是表现为一个民族或国家组成的统一体，而是表现为多个国家组成的整体。

迪米特里斯·克里索乔兹等人认为，作为一个政府系统的邦联，其主要特点就是它向各组成部分提供各种机会，实现互利的合作，而不必把它们各自的主权交给一个单一政府，它关注大量法律上和政治上平等的权力中心之间的政府间关系，而不是这些权力中心与单一联邦政府之间的关系。[②]

弗里德里克·李斯特更是洋洋洒洒地列出了邦联的 15 个特点，如邦联是在没有剥夺各国国家地位的情况下把它们联合起来；邦联要求条约，即宪法形式的成文基本法，它们在法律上对各种不同的邦联性质的伙伴具有约束力；邦联规定其行政和司法功能不能威胁成员国的主权，等等。[③]

与联邦主义者主张建立一个超国家的欧洲联邦不同，邦联主义者主张欧洲应建立邦联式的联盟。法国的戴高乐将军就是反对超国家的联邦，赞成国家间合作的一个代表人物。戴高乐主张通过国家间的合作把欧洲组织起来，反对建立超国家的欧洲统一机构。他认为超国家主义是对民族国家独立与生存的威胁，应该在它进一步发展壮大之前阻止其进程。他强调："……国家之间的合作是在任何程度上使欧洲实现统一的唯一的道路。"[④] 在 1960 年 7 月 29 日和 30 日的法、德首脑朗布依埃会谈中，戴高乐将军明确指出："一个联合的欧洲将是一个有组织地出现的、民族的、国家的联盟，将来可能变成一个庞大的邦联。"他建议，"现存的共同体将被合并进去，通常要服从政治权力的领导，因为共同体并不代表一个政治权力。防务将是合作的主题之一，因此北约应该根据欧洲人自己的倡议进行改革，以结束这种在防务上不

① 房乐宪：《邦联主义与欧洲一体化》，《欧洲研究》2003 年第 4 期，第 76 页。

② Dimitris N. Chryssochoouz , et al. , *Theory and Reform in the European Union*, Manchester ; New York : Manchester University Press , 2003 , p. 16.

③ F. K. Lister, *The European Union*, *the United Nations and the Revival of Confederal Governance*, London : Greenwood Press, 1996, pp. 33 - 34.

④ ［法］戴高乐：《欧洲国家的和谐》，载李巍、王学玉编《欧洲一体化理论与历史文献选读》，山东人民出版社 2001 年版，第 42 页。

给欧洲人任何责任的一体化局面。”[①] 1962 年 5 月 15 日，戴高乐在记者招待会上猛烈地抨击了超国家观点，认为在欧洲建设的过程中，“只有国家才是有效的、合法的和有可能付诸实现的。我已经说过并且我还要重复，现在除了由各个国家组成的欧洲之外，不可能有别的欧洲。除此以外都是些神话、空想和夸耀”[②]。可见，戴高乐所设想的欧洲联合是民族国家的合作，民族国家的联盟，而非凌驾于成员国之上的超国家机构。

邦联主义在欧洲一直很有市场，贯穿于欧洲一体化的进程之中。英国最初不愿加入欧洲共同体、法国否决欧洲防务共同体和戴高乐时期法国拒绝参加一体化活动的“空椅子危机”等，无不体现着邦联主义的影响。

（二）政府间主义与自由政府间主义

从 20 世纪 60 年代中期起，欧洲一体化遇到了很多困难。戴高乐从维护法国利益出发，强调建设民族国家的欧洲，坚决反对欧共体向超国家的方向发展。1965 年，法国对欧共体实行“空椅子政策”，1966 年欧共体各国达成了“卢森堡妥协”，规定凡是涉及各国重大利益的事务，均需取得各国的一致同意。欧洲经济共同体的超国家倾向受到抑制。英国申请加入共同体也因为法国的两次否决而搁浅，共同体的扩大陷入停滞。共同体的发展面临困境，这似乎显示，新功能主义者宣称的“外溢”并不是一个必然的过程。因此，新功能主义引起了一些学者的批评和质疑。以斯坦利·霍夫曼为代表的政府间主义就是在对新功能主义的批判中产生并逐步发展起来的。

霍夫曼认为，首先，新功能主义过于强调了超国家机构的作用。实际上民族国家及其政府在一体化中发挥着主导作用，超国家机构的作用十分有限。在欧洲一体化进程中，成员国政府的作用依然十分顽强而不是已经过时了。在涉及至关重要的国际利益的领域，成员国政府不愿以其他领域所得来补偿在一些领域的损失，它们将会试图降低不确定性并对关系到核心利益的决策过程严加控制。作为一个超国家机构，欧共体委员会发挥的作用还比较有限。其次，新功能主义忽略了高级政治与低级政治之间的区别。“外溢”效应是有限的。外溢效应在低级政治领域（如经济政策）较为适用，但在高级政治领域（如外交政策、安全与防务等问题）很难发挥作用，国家间关系

---

① Maurice Couve de Murville, *Une Politique Etrangère*, 1958 - 1969, Paris, Plon, 1971, p. 244.

② 国际关系研究所编译：《戴高乐言论集（1958 年 5 月　1964 年 1 月）》，世界知识出版社 1964 年版，第 340 页。

不会超越政府间合作而发展到高级政治上的超国家一体化。最后，公众对政治行为体的支持和忠诚并未真正从成员国转向共同体，民族国家精英关注的是国内政治而不是共同体层次的政治。成员国政府对共同体的政策取决于其国内政治的需要，而不是如新功能主义者所设想的本着解决问题的精神进行合作。①

霍夫曼区分了低级政治和高级政治，并对欧洲一体化的“莫内方式”提出批评，认为各国政府愿意在低级政治领域进行合作，但是在高级政治领域，由于涉及国家的根本利益、政府的自决权和民族认同问题，国家不会接受无保障又失去控制的状况。政治领域的一体化只能通过政府间的磋商和协调以及持续的讨价还价来进行。②

政府间主义遵循现实主义的“国家中心论”传统，明确坚持以主权国家作为分析单位，认为：在现实国际体系中只有国家是占主导地位的行为体，民族国家在欧洲国际关系中发挥着核心作用；一体化只有在符合参与国利益的条件下才能获得推动，而一体化的每一次实际的进展都源于成员国之间的讨价还价的交易。霍夫曼强调，民族国家需要改变，但是民族国家仍然有活力，仍然是一体化和国际政治的主要行为者。他不认同超国家主义所宣称的民族国家要被取代的说法。③

从 20 世纪 70 年代末开始，欧共体启动欧洲货币体系，建立欧洲理事会机制，发表《单一欧洲法令》，欧洲一体化逐步走向复兴之路。政府间主义对一体化解释的局限性显露出来。20 世纪 90 年代，安德鲁·莫劳夫奇克发表了两篇论文，对政府间主义进行了修正。1998 年，莫劳夫奇克出版了《欧洲的抉择——社会目标和政府权力：从墨西拿到马斯特里赫特》，对自由政府间主义进行了系统的阐述。他认为一体化是产生于政府间复杂的谈判和利益交换，而非超国家的功能性力量、现实主义的地缘政治考虑或欧洲联邦的理念，因此他把自己称为政府间的自由主义者。④他认为，国家是单一的、理性的、自利的行为体，国家的行为是理性的。国家偏好的形成取决于国内政治因素。成员国政府在国家间关系中发挥着核心作用，欧洲一体化即是在

① 张茂明：《欧洲一体化理论中的政府间主义》，《欧洲》2001 年第 6 期，第 47—48 页。

② 同上刊，第 49 页。

③ Michael O' Neill, *The Politics of European Integration: A Reader*, London: Routledge, 1996, p. 60.

④ 陈玉刚：《国家与超国家——欧洲一体化理论比较研究》，上海人民出版社 2001 年版，第 64 页。

成员国政府间交易的推动下进行的。一体化不是自动成长的过程，而是成员国政府理性选择和相互交易的结果。莫劳夫奇克认为，“欧洲一体化是民族国家领导人为了追求经济利益，进行一系列理性选择的结果”①。他认为经济利益特别是商业利益对欧洲一体化发挥了最重要的作用，地缘政治利益和意识观念也经常发挥重要影响，但其作用只能排在第二位。也就是说，欧洲一体化的根本动力是经济利益，而不是出于地缘政治或者意识形态的考虑。此外，自由政府间主义虽然强调政府间谈判在欧洲一体化中的首要地位和成员国国内政治的重要性，但并不否认制度的作用，认为超国家机构对讨价还价的最终结果有其有限的影响。

莫劳夫奇克通过考察欧共体发展历史上五次最主要的谈判来验证他的理论框架。这五次谈判分别是：1957 年《罗马条约》谈判，20 世纪 60 年代建立关税同盟和共同农业政策的谈判，1978—1979 年建成欧洲货币体系的谈判，1985—1986 年《单一欧洲法令》的谈判和 1991 年《马斯特里赫特条约》的谈判。他认为欧洲一体化的每次谈判都被分成三个阶段：即国家偏好的形成、国家间博弈和制度化阶段。而且，商业利益、相对博弈实力和可靠的承诺是最重要的三个因素。②在上述理论背景下，莫劳夫奇克提出了所谓的双层博弈模型来分析欧洲一体化进程。在他看来，欧洲一体化进程中存在两个层次的博弈，一是成员国国内政治层面的，即国家偏好的形成过程；另一个是欧洲层面的，即政府间讨价还价战略的形成过程。换言之，首先，是一国国内各利益集团相互博弈，得出在某一问题上该国的国家偏好；其次，该国政府持此偏好，代表该国与其他国家政府进行政府间博弈，博弈结果是相互间不对称依赖程度的体现；最后，为了巩固谈判成果，确保各方履行承诺，各国政府理性地选择将部分主权委托转让给超国家机构，或者是约定日后共同投票决定未来的执行事项，也就是所谓的“汇集”（pool）。③

自由政府间主义认为，欧盟主要是一种政府间机制，主权国家仍然是欧盟活动中的主角，国家利益而非欧盟共同利益是成员国的首要考虑，欧洲一体化只有符合参与各方的利益才能获得推动。但是自由政府间主义过分强调

---

① ［美］安德鲁·莫劳夫奇克：《欧洲的抉择——社会目标和政府权力：从墨西拿到马斯特里赫特》，赵晨、陈志瑞译，社会科学文献出版社 2008 年版，第 3—4 页。

② 同上书，第 15—16 页。

③ 赵晨：《自由政府间主义的生命力——评莫劳夫奇克的〈欧洲的抉择〉》，《欧洲研究》2008 年第 2 期，第 144 页。

经济因素，而相对忽略政治因素的影响。如莫劳夫奇克认为，“欧洲国家推进一体化既不是为了防范法德战争再次爆发，也不是为了扩展欧洲在全球的声誉和势力，更不是企图以联合来平衡与超级大国的关系”[①]，这种说法是值得商榷的。

邦联主义也关注一体化的结果，认为应该建立民族国家的联盟；而自由政府间主义则关注一体化的动力，认为欧洲一体化的根本原因是过去半个世纪欧洲大陆面临的一系列共同的经济挑战。自由政府间主义还十分关注一体化过程中的决策过程。从民族国家的作用看，邦联主义和政府间主义的看法也有相似之处。邦联主义并不认为民族国家已经过时，而认为只有民族国家才是有效的、合法的和有可能付诸实现的。政府间主义认为民族国家政府的作用十分顽强，不认为民族国家正在削弱，相反，强调民族国家在欧洲一体化过程中得以“生存”和“延续”，甚至是“再生”和“加强”[②]。自由政府间主义认为在一体化的决策过程中，民族国家政府的作用非常重要。

(三) 民族国家拯救论

英国经济史学家艾伦·米尔沃德提出的民族国家拯救论是一种很有影响力的理论。他认为，民族国家从16世纪起成为西欧占主导地位的政治、经济和社会组织形式，在法国大革命时期它被神化为民族和人民的代表。到19世纪末，民族国家才确立了自己的地位并获得了各自疆界内公民的忠诚。然而，第二次世界大战的经历却证明民族国家竟然不能履行自己的基本职能，即保护公民的安全和财产，这使传统的民族国家陷入危机。“将民族国家从废墟中拯救出来，标志着长期以来占主导地位的欧洲历史的结束，这是欧洲战后历史的最突出的一个方面。”而“欧洲共同体的发展，欧洲一体化的进程”就是“战后拯救欧洲民族国家的一部分，因为这种拯救所基于的政治共识要求实行一体化，即将有限领域的国家主权让渡给超国家机构”[③]。米尔沃德认为，民族国家的危机及其在战后的自我拯救是欧洲一体化起源的内在推

① ［美］安德鲁·莫劳夫奇克：《欧洲的抉择——社会目标和政府权力：从墨西拿到马斯特里赫特》，赵晨、陈志瑞译，第5页。

② ［英］安特耶·维纳、［德］托马斯·迪兹主编：《欧洲一体化理论》，朱立群等译，世界知识出版社2009年版，第103页。

③ Alan S. Milward, with the assistance of George Brennan and Federico Romero, *The European Rescue of the Nation - State*, London: Routledge, 1992, p. 4.

动力，一体化是民族国家选择的结果。

米尔沃德的理论虽然也是一种国家中心的理论，强调民族国家在一体化发展过程中所起的决定性作用，实质上是捍卫现代民族国家的地位。但是，在民族国家与一体化的关系上，米尔沃德却并不否认一体化的作用。他认为，“没有一体化进程，西欧民族国家将不可能得到其公民如此的忠诚和支持。没有它，西欧民族国家不可能向其公民提供并证明其生存合理性的安全与繁荣”①。一体化是加强了西欧民族国家的地位而不是削弱了它们。

总之，米尔沃德认为，在民族国家与一体化之间不存在对立和取代的关系，而是互相依存、相辅相成的关系。用一体化“取代民族国家将会摧毁共同体，而限制一体化的进程将削弱民族国家，限制民族国家的能力和权力”②。

米尔沃德是出色的经济史专家，他从经济史的角度对欧洲一体化经济动因的分析是令人信服的。但是，他对一体化的政治因素却关注不够。而事实上，正如有学者指出的，“欧洲地缘政治和安全因素在早期的西欧联合中扮演的角色是不容忽略的”。此外，米尔沃德还“明显地忽视了冷战的国际环境，尤其是美国在一体化起源中的作用”③。

综上所述，联邦主义关注欧洲一体化的结果，主张建立合适的制度框架来超越民族国家；而功能主义和新功能主义则更注重一体化的过程，而不重视一体化的形式或结果。联邦主义赞成激进的“自下而上”的政治变革模式；而功能主义主张“自上而下”的国际变革模式。与功能主义和新功能主义相比，联邦主义是对民族国家的直接挑战，是超国家主义中最激进的一种理论。新功能主义着重强调超国家机构的作用，而政府间主义始终强调民族国家和政府在一体化进程中的主导作用。在其他的理论中，有的认为民族国家与一体化超国家性质是一对矛盾，而米尔沃德的理论则在坚持国家中心的基础上，还有着很大的灵活性，认为民族国家与一体化是相互依存的。

---

① Alan S. Milward, with the assistance of George Brennan and Federico Romero, *The European Rescue of the Nation - State*, London: Routledge, 1992, p. 3.

② Ibid.

③ 洪邮生：《独树一帜的欧洲一体化理论——评米尔沃德的“民族国家选择论”》，《南京大学学报（哲学·人文科学·社会科学）》2004年第2期，第35页。

本章小结:

在超国家主义和国家中心主义两类理论中，对于民族国家在一体化中的地位，其看法是不同的。超国家主义对民族国家多持批评的态度，认为民族国家已经衰老过时，在经济上因市场狭窄而没有生命力，在政治上因容易产生极权主义和军国主义而走向反动，因此，主张以超国家的联邦来取代民族国家。而国家中心主义则强调民族国家在一体化中的重要作用，认为一体化的进展是民族国家推动和控制的，民族国家仍然具有很强的生命力。民族国家究竟在一体化过程中的地位和作用如何？本书拟通过对一体化过程的实证研究和对民族国家在决策中的作用来加以分析。

第二章　战后国际局势与美国对欧洲一体化的影响

在战后欧洲一体化的历史上，法德关系一直占据着举足轻重的地位。法德的和解是欧洲一体化的前提和基础，法德的密切合作是推动欧洲一体化进展的重要动力，尤其在欧洲一体化的初期，法德关系决定着欧洲一体化的命运和走向，其重要意义不言而喻。但是，法德和解与欧洲一体化还有一个极其重要的外部因素，那就是战后的国际局势与美国的支持和推动。所以，在论述法德和解与欧洲一体化之前，本书要用一章的篇幅来讨论战后局势和美国的影响。

第一节　战后国际局势与马歇尔计划

在一定程度上，欧洲一体化是战后特定国际环境的产物，不把欧洲一体化放到战后国际局势中去考察，很难理解欧洲一体化的起源和兴起。

一　战后国际局势

孤立主义在美国长期盛行。直到第二次世界大战的后期，美国政府都对欧洲一体化持怀疑态度。1943 年 3 月，流亡美国的“泛欧运动”领导人库当霍夫 - 卡莱吉伯爵主持起草了一份呼吁建立欧洲联邦组织的备忘录，并把它送到了罗斯福总统的手中，但被断然拒绝。同年 8 月，在一份建立联合国的宪章草案中，美国没有提议建立任何形式的地区组织。①这些事实表明，在罗斯福总统的战后世界规划中，欧洲一体化并不在他的考虑范围之中。一方

① Max Beloff, *The United States and the Unity of Europe*, London; Westport: Greenwood Press, 1976, pp. 2 – 3.

面是因为欧洲自身的联合，无论是在英国领导下或在英国和苏联的联合统治下，都意味着把美国排除在欧洲之外，这是美国所不愿见到的。另一方面，也是更重要的原因，罗斯福认为美苏在战后可以继续保持合作的关系，美国政策应建立在美苏合作的基础上。罗斯福希望通过承认苏联在东欧的势力范围来寻求与苏联的合作，而不是直接与苏联进行对抗。而苏联政府为了建立对东欧的控制，保证自身的安全，对任何欧洲联盟都怀有深深的疑虑。罗斯福很清楚欧洲联合会招致苏联的反对，恶化美苏两国的关系，所以对欧洲一体化一直持怀疑态度。

在这种思想的影响下，罗斯福和斯大林一样，在德黑兰会议和雅尔塔会议上坚持严惩德国，英国无奈地表示同意。然而，罗斯福总统于1945年4月12日不幸因病去世，杜鲁门继任美国总统，美国的对苏政策和对欧政策发生了明显的变化。在1945年7月召开的美、英、苏首脑波茨坦会议上，美国已经从雅尔塔时所赞成的严惩德国转向重建德国的温和政策，杜鲁门明确反对苏联肢解德国和索取巨额赔款的主张，美苏之间的分歧也越来越不可弥合。

随着苏联对日宣战和美国在日本投掷原子弹，日本迅速乞降，第二次世界大战终于宣告结束。第二次世界大战极大地改变了整个世界的格局。美国的势力在战争中得到空前的增强。它是交战国中唯一没有遭到战火破坏的大国，而且由于在战争期间供应苏联和英法等国的军火物资，成为这些国家的“军工厂”，一度还垄断了原子弹，军事力量变得异常强大。美国在战争中摆脱了经济萧条的困扰，经济实力得到空前发展，第二次世界大战结束时美国拥有资本主义世界工业总产量的60%，对外贸易的1/3，黄金储备的3/4，成为世界最大的资本输出国和债权国。对欧洲而言，第二次世界大战彻底打破了几个世纪以来形成的欧洲中心的国际格局，德、意因战败而退出了争霸的舞台，英、法虽然是战胜国却在战争中受到严重削弱，其殖民统治也面临风雨飘摇的危机，同样退出了争霸的行列。与此同时，苏联的军事实力空前提高，其军事和政治势力随着红军进入中东欧地区。美苏两国以超级大国的姿态登上世界政治舞台。

雄厚的经济和军事实力使美国的政治野心极度膨胀，杜鲁门上台后一再声称要领导世界，全世界都应该采取美国制度。但是，要称霸世界并非易事。在美国看来，主要的障碍来自苏联。苏联在反法西斯战争中赢得了很高的威望，战后初期在苏联政府及驻扎在当地的苏联军队的直接影响和帮助下，东欧各国共产党力量得到加强，到1948年各国共产党确立了绝对领导地位，东欧各国成为苏联的卫星国。1945年起，苏联还分别与波兰、罗马尼亚、匈牙利、捷克斯洛伐克、南斯拉夫、保加利亚、阿尔巴尼亚等国签订了针对德国的双边互助条约，东欧出现组织起来的趋势。

美国对苏联在东欧地区的作为非常敏感，他们既把苏联的一举一动都理解为共产主义意识形态和社会制度的扩张，又把它看做是与自己争夺在欧洲的利益。因此，美国的对欧政策很快实现了从防止法西斯势力重新抬头到“遏制”苏联的战略转变。1946年2月，美驻苏代办乔治·凯南向美国务院发出长达8000字的电报，提出一整套“遏制”苏联的理论和策略。凯南认为，苏联“对武力的逻辑十分敏感。因为这个缘故，当它在任何地方遇到强大的阻力时，它可以轻易地退却，而且它经常这样做”①。因此，他主张认清苏联社会的性质，掌握足够的武力去“遏制”苏联。同时，凯南还认为，“同整个西方世界相比，苏联人还是一个软弱得多的力量。因此，他们的成功与否实际将取决于西方世界所能达到的团结、坚定和强盛的程度”②。所以他主张维护西方世界的团结和繁荣，使西方社会充满活力，以此抵御共产主义运动的扩张。凯南的报告受到美国官方的重视，1947年他被任命为国务院政策规划研究室主任，为制定以遏制战略为特点的全球战略进行准备。从1945年年底开始，杜鲁门撤换了罗斯福内阁的大部分成员，其中包括主张严惩德国的财政部长小亨利·摩根索和主张继续与苏联合作的商业部长亨利·华莱士，为实施新的全球战略进行人事上的准备。

1947年2月，美国终于抓住一个绝好的机会，向世界宣布自己的全球战略。2月21日，英国政府照会美国，因为英国的经济困难，从3月21日以后，英国无法再给希腊和土耳其以经济和军事的援助，希望美国挑起这副担子，以免希、土落入苏联的控制之下。1947年3月12日，杜鲁门在国会特别联席会议宣读后来被称为“杜鲁门主义”的咨文，要求国会授权向希腊、土耳其提供4亿美元的援助，并得到国会的支持。杜鲁门解释说，“这就是美国对共产主义暴君扩张浪潮的回答”，是“美国外交政策的转折点”。他说：“不论什么地方，不论直接或间接侵略威胁了和平，都与美国的安全有

① 法学教材编辑部《国际关系史资料选编》编选组：《国际关系史资料选编》下册（1945—1980），武汉大学出版社1983年版，第80页。

② 同上。

关。”杜鲁门主义的出台表明美国要在一切地方同苏联对抗，是美苏冷战正式开始的标志，同时也是美国全球扩张战略的一个宣言。

二 马歇尔计划与欧洲一体化

冷战对美国的对欧战略产生了深刻影响，相应地，美国对欧洲一体化的态度也发生了变化。原来罗斯福所顾虑的因素，即苏联对欧洲一体化的反对由于美苏的冷战对抗已经不复存在。反之，美苏由合作转为冷战，欧洲一体化变成对美国极为有利的一个选择。出于与苏联对抗的需要，美国希望有一个联合起来的强大的欧洲，而不是一个分裂的羸弱的欧洲。在美国人看来，欧洲只有统一起来，才能抵御苏联的推进，才能有效地“遏制”共产主义的扩张。而且，美国意识到融入西欧一体化的德国不仅能解除对德国倒向苏联的担忧，同时也是对德国军事扩张最好的约束。德国问题由于欧洲一体化而找到一个堪称完美的解决方案。此外，只有欧洲统一起来，才能使欧洲永远结束内部的战争。欧洲各国之间的纷争已经两次引起世界大战，并把美国卷入了战争。欧洲统一是避免美国长期在欧洲承担军事和经济义务的唯一途径。对美国而言，欧洲复兴、欧洲一体化与援助欧洲是紧密相连的。

美国支持欧洲一体化的政治意图十分明显。1947 年 5 月，美国对外援助委员会授权的一个小组提供的备忘录指出，美国的对外政策从此有了自己的长期目标，那就是“取得（对苏联的）战略优势”，“在可能的对苏战争中增加获胜的机会”①。而西欧在其中的地位举足轻重，美国要达到自己的战略目标，西欧必须要亲美，至少要保持中立。而且，西欧必须通过一体化尽快实现复兴，一个羸弱的西欧无法帮助美国获得对苏优势。同时，美国对外政策的短期目标被定为抵抗所谓共产主义的扩张。为了实现这个目标，仅对西欧进行经济援助是远远不够的，“必须帮助非共产主义的欧洲填补思想和精神的真空”，而这样一个援助计划唯一可能的思想内容就是欧洲的联合。②他们认为，只有欧洲联合的思想能吸引欧洲人与美国一起抵御共产主义的进攻。

美国支持欧洲一体化的经济因素也不可忽视。“随着和平的来临，经济

---

① Max Beloff, *The United States and the Unity of Europe* , London; Westport: Greenwood Press, 1976, p. 15. 引文括号内的内容为笔者所加。

② Ibid. , p. 16.

会重新转向衰退。避免经济萧条的途径就是增加对外贸易，但如果世界其它地区对基本工业实行国有化或者关闭其市场，美国就无法在海外竞争。”①而美国的主要贸易伙伴欧洲各国却正在经历严重的经济危机，缺少美元，无力支付货款，美国面临着失去欧洲市场和欧洲动乱的前景。因此，大洋彼岸的欧洲的复兴，对美国经济至关重要。负责经济事务的副国务卿威廉·克莱顿呼吁总统和国务卿号召“美国人民稍稍牺牲一点自己的利益，稍稍勒紧一点自己的裤腰带，把欧洲从饥饿与动乱中（而不是从俄国人手中）拯救出来，同时也是为我们自己和我们的孩子们保护自由美国的光荣遗产”②。如何来实现欧洲的复兴呢？5月8日，副国务卿艾奇逊在密西西比的克利夫兰发表讲话，他说：“只有当欧洲经济的各部分作为一个和谐的整体一起运作时，欧洲的复兴才是完整的。使欧洲经济保持合作是我们对外政策的一个基本目标。”③5月27日，副国务卿威廉·克莱顿向国务卿提交了一份备忘录，指出：“如果欧洲经济继续像现在这样被分割成许多密不透风的小块，它是不可能从战争的创伤中复兴并重新独立的。”④

1947年1月19日，共和党外交政策专家、两党对外政策发言人约翰·福斯特·杜勒斯表态，支持欧洲统一对美国也有必要的观点。3月1日，参议员富布赖特向国会提出一项议案，支持成立一个在联合国范围内的欧洲合众国。在1947年的4、5月间，美国行政部门已经相当多地考虑有关欧洲政治和经济一体化的问题，在国务院有很多人，主要是年轻的普通官员深信欧洲联合是世界安全与繁荣的唯一出路，而且不断敦促动用美国的外交和经济力量来促成欧洲的联合。在这种情况下，欧洲的统一成为美国政策的目标之一，把一体化与欧洲援助计划联系起来已是水到渠成。

美国自战争结束以来，已经通过联合国救济总署、国际货币基金组织、世界银行以及给英国的特殊贷款，向西欧提供了90亿美元的援助，但是到1947年春，欧洲各主要国家的经济仍未走出恶性循环，加之1946—1947年冬普遍遭受特大自然灾害，人民生活极度困苦，罢工频仍，

① Stephen E. Ambrose, *Rise to Globalism: American Foreign Policy*, 1938 - 1980, New York, 1981, p. 16，转引自杨生茂主编《美国外交政策史 1775—1989》，人民出版社 1991 年版，第 438 页。

② Max Beloff, *The United States and the Unity of Europe* , London; Westport: Greenwood Press, 1976, p. 19.

③ Ibid.

④ Ibid. , p. 20.

社会动荡。美国深恐法、意共产党在这种情况下得势，害怕所谓共产主义的扩张在欧洲成为现实。1947年3月，参加了在莫斯科举行的外长会议后，美国国务卿马歇尔在电台发表讲话说："病人正在陷入沉疴，而医生还在讨论不休……"[①]他深信斯大林正在等待欧洲落入共产主义的手中，认为援助欧洲已迫在眉睫。

1947年6月5日，马歇尔在哈佛大学发表了一篇著名演说，指出欧洲面临非常严重的"经济、社会与政治的危机"，急需"获得实质上的额外援助"[②]，并要求欧洲国家自己提出一项集体计划来。这就是著名的"马歇尔计划"。马歇尔指出，欧洲处于危机中，如无实质性的外援，情况必将继续恶化，人民处于绝境，欧洲必将发生动乱。这种情况对美国经济必将带来严重后果。因此，美国应该帮助欧洲恢复正常和健康的经济。虽然马歇尔指出，美国提供援助"不是反对任何国家、任何主义，而是反对饥饿、贫穷、悲惨、混乱。我们的任务是唤起合理经济的再生，促使政治社会的结构容纳自由制度存在"[③]。但是，其抵御苏联共产主义的意图是显而易见的。对于欧洲一体化意义重大的是，马歇尔强调，欧洲的复兴是欧洲人的事，倡议和方案必须来自欧洲，然后美国再视需要给予帮助；美援不能零散分配给个别国家，而是要求欧洲国家，至少是部分欧洲国家，联合提出一个总方案作为考虑的基础。他说："这个计划必须是联合性质的，假使不能商得所有欧洲国家的同意，也得商得一部分国家的同意。"[④]美国强调这笔援助不是双边的，欧洲人必须互相达成协议，制订出一份资源与需求的清单和一个复兴的共同纲领。只有当这一条件满足之后，美国才提供必要的援助。换言之，美国人希望把经济援助和欧洲一体化联系在一起，欧洲的合作和一体化是美国提供援助的条件。

美国政府对欧洲一体化的政策通过马歇尔计划而明朗化了。马歇尔计划是美国第一次公开表明自己对欧洲一体化的态度，也是美国第一次对欧洲联合施加影响。从此，美国不仅支持欧洲一体化，在一体化发展的初期，美国

---

① John Killick, *The United States and European Reconstruction*, 1945 - 1960, Keele University Press, 1997, p. 80.

② 法学教材编辑部《国际关系史资料选编》编选组：《国际关系史资料选编》下册（1945—1980），第95页。

③ 同上。

④ 同上书，第96页。

还常常帮助和推动欧洲一体化的进程。

第二节　美国与欧洲一体化：从“舒曼计划”到《罗马条约》

在战后初期，美国作为战后两个超级大国之一，对世界和欧洲的影响力不容质疑，欧洲一体化没有美国的支持是很难想象的。而事实也是，美国对欧洲一体化的兴起和发展起了相当重要的作用。

一　美国与舒曼计划

在美国的支持下，荷兰、比利时、卢森堡、英国、法国、意大利、爱尔兰、冰岛、丹麦、挪威、瑞典、瑞士、奥地利、土耳其、希腊、葡萄牙和德国西部占领区的军事指挥官在 1948 年 4 月 16 日签订了协议，成立了欧洲经济合作组织（1949 年西德、1959 年西班牙也相继加入），负责分配总数为 130 亿美元的马歇尔援助，此外，欧洲经济合作组织还努力使各成员国稳定财政和货币、发展出口、进行生产机构的现代化、协调投资等。欧洲经济合作组织促进了各国的经济合作和相互间的贸易，但在促进欧洲一体化的进展方面，其作用仍然很有限。从 1947 年到 1950 年，欧洲人没有建立起任何关税同盟（荷兰、比利时、卢森堡三国的关税同盟例外，而这个关税同盟并非出于美国的初衷）；各国之间的自由贸易十分有限，广大的欧洲市场没有形成。对西欧一体化期望甚高的美国人对此深感失望。[①]

为了推动欧洲一体化的发展，美国煞费苦心地寻找各种办法。首先是确定欧洲一体化的领导者。战后初期，在欧洲各大国中，德国是战败国，法国因其在战时的表现影响了其地位，英国在美国心目中成了自然而然的领导者。然而，英国人认为英联邦以及英国与美国的特殊关系比跟欧洲大陆国家的关系重要，反对具有超国家性质的欧洲一体化，主张有美国参与的大西洋合作。1949 年，美国终于认识到英国对欧洲一体化不感兴趣，不可能充当欧洲一体化的领导。

美国无可奈何地接受了西欧一体化没有英国的事实，但一体化必须继续前进，一体化必须有领导者，在这种情况下，美国开始把目光转向法国。但

① Michael Hogan, *The Marshall Plan: America, Britain, and the Reconstruction of Western Europe, 1947 - 1952*, Cambridge University Press, 1987, pp. 70 - 82, 124 - 128.

是,法国对美国支持的、包括联邦德国在内的欧洲联合戒心十足。为了保持自己的大国地位,法国一开始试图在美苏之间实行均衡政策。1944年11月,戴高乐出访苏联,与苏联签订以对付德国为主要目标的《互助同盟条约》,企图在美苏之间保持某种平衡,以提高法国的国际地位,同时与苏联联合制约德国这个夙敌。法国与德国的世仇尽人皆知。1945年,法国在美、英、法、苏四国外长会议上坚持要肢解德国,好一劳永逸地去掉德国这个心腹大患,只是由于美英的反对才被迫放弃,但是抑制德国仍是战后初期法国对外政策的中心。

冷战的序幕拉开后,美国为了与苏联对抗,加紧推行其扶植德国的政策。需要美国经济和军事援助的法国不可能再在美苏之间搞平衡,于是转变政策,倒向美国,并积极支持西欧一体化。相应地,法国的对德政策也不得不改变,宽恕德国看来不可避免。但是仅仅跟德国一家搞平衡实在太冒险,所以法国想把英国拉进来以制约德国。但英国对任何超国家的组织都没有兴趣,这样法国不得不认真考虑与德国和解的问题了。法国外长乔治·皮杜尔敦促国民议会在合作与孤立之间进行选择,而合作包括与西部德国的合作。1948年6月,法国终于放弃肢解德国的主张,接受了伦敦协议,同意建立联邦德国。这意味着法国选择了与德国和解,走一体化之路。

对美国来说,既要扶植德国以对抗苏联,又要遏制德国,不让德国民族主义死灰复燃,一体化是最好的选择。1949年10月19日,美国国务卿迪恩·艾奇逊警告说,在西德出现了"熟悉的和危险的民族主义的迹象","其危险性在于防止和扭转这种趋势的时间已经非常短暂了"。艾奇逊指出,法国应该"迅速和坚决地"担负起欧洲一体化的领导责任,而不能再等待英国了。他认为,一体化进程的关键掌握在法国人手里,而法国自己有能力领导把德国融入西欧的任务。美国这样急迫的原因在于害怕出现德国或苏联甚至是德苏联合起来称霸欧洲的局面。艾奇逊指出,要避免这种情况的发生,现在是法国最后的机会。①10月21日至22日,美国驻欧洲重要国家的一些大使在巴黎召开了一个碰头会,与会的大使们怀疑艾奇逊的说法,他们认为包括德国在内的欧洲一体化没有英国是不可能的,因为法国是不会与老冤家德国单独在一起的。②艾奇逊虽然表示同意"法国自己不能单独领导…… 而英国的影

① *FRUS*, 1949: *IV*, Secretary of State to the embassy in France, 19 Oct. 1949, pp. 469 - 470.

② *FRUS*, 1949: *IV*, Meeting of US ambassadors at Paris, 21 - 22 Oct. 1949, p. 493.

响和帮助是很重要的”，但他仍坚持他的基本观点，重申法国不能不承担起某种领导责任。[①] 10月30日，他对舒曼说，“现在是法国迅速而坚决地把联邦德国融入欧洲的时候了”，法国应该同意在政治上给予西德更多的独立自主权，带头把西德带进相关的国际组织。否则，就会削弱西德的民主力量，而使极端主义和苏联的影响得到加强。[②]

为了寻求突破，杜鲁门政府的官员们可谓绞尽脑汁。1950年4月25日，美国驻德高级委员会主席约翰·麦克洛伊第一次提出西方应该改变思路，摒弃现在这种强加于德国的鲁尔国际管制局，建立国际组织控制西欧的煤、钢业；摒弃军事安全署模式，让德国获得北大西洋公约组织成员国地位。仅仅两周后，法国提出了建立欧洲煤钢共同体的“舒曼计划”，与美国的想法可谓不谋而合，自然也得到了美国不遗余力的热情支持。

杜鲁门政府认为这是解决德国问题和实现法德和解的好办法。德国将以平等的地位融入欧洲，而且再也不会被拉到苏联阵营中去，而法国不再阻碍联邦德国复兴和融入西欧，法国与联邦德国的和解即将实现。但是，美国的煤炭业和钢铁业反对欧洲煤钢共同体，害怕欧洲对手势力增强。美国政府也并非毫无疑虑，它对煤钢共同体的卡特尔性质深表忧虑。尽管如此，出于政治上的考虑，美国对法国提出的计划几乎是全面赞成。1952年8月，艾奇逊在一项声明中说：“美国强烈支持煤钢共同体是因为它对欧洲的政治和经济统一十分重要。”[③]

美国对煤钢共同体的支持不是一句空话，而是实际和具体的。在煤钢共同体条约的谈判过程中，美国鼓励欧洲建立一个限制色彩尽可能少的共同体，主张在舒曼计划覆盖的生产中实行完全的自由贸易。它甚至坚持对于生产成本偏高的比利时煤炭业和意大利钢铁业只给予过渡性的而非永久性的优惠措施，以促进欧洲经济一体化的进程。[④] 1951年4月18日，荷兰、比利时、卢森堡、法国、西德和意大利在巴黎签订了《建立欧洲煤钢共同体条约》。1952年8月10日，欧洲一体化历史上第一个具有超国家性质的组织——高级机构在卢森堡成立，《建立欧洲煤钢共同体条约》正式生效。

---

① *FRUS*, 1949: *IV*, Secretary of State to the embassy in the United Kingdom, 24 Oct. 1949, p. 345.

② *FRUS*, 1949: *III*, Secretary of State to the embassy in France, 30 Oct. 1949, pp. 622 - 625.

③ Max Beloff, The United States and the Unity of Europe, London; Westport: Greenwod Press, 1976, p. 62.

④ Ibid., p. 59.

1952 年美国宣布在有关煤钢的事务上将直接同煤钢共同体打交道，而不与单独的国家打交道。1954 年，美国向共同体提供了 100 万美元的贷款，还帮助共同体在关贸总协定的谈判中获得了一些让步。

二 防务共同体的失败与共同市场的成功

1950 年 6 月 25 日爆发的朝鲜战争使美国对欧洲防务的兴趣迅速高涨，武装西德的要求变得迫切起来。1950 年 9 月在纽约举行了美、英、法三国外长会议，美国国务卿直截了当地表示：“我要在 1951 年秋天看见穿上军装的联邦德国人。”[①]他建议在欧洲组织一支一体化的军队，可以让十来个联邦德国师加入进来，不成立自主的联邦德国军队。法国政府不愿看到重建联邦德国师这样的灾难出现，但美国的压力使法国不能不积极地寻求一个妥善的解决办法。因此，让·莫内制订了一份欧洲防务共同体计划，提议按照煤钢共同体的模式和组织系统建立一支欧洲军队。1950 年 10 月 24 日，法国总理勒内·普利文在国民议会上发表了这份建议。不仅法国对这个计划准备不足，除联邦德国外的其他欧洲国家对它兴趣也不大。美国对法国同意重新武装联邦德国的原则十分满意，甚至要求在防务共同体成立之前先征募士兵，并在 1951 年年底之前成立两个联邦德国师，但这个性急的想法因遭到法国的强烈反对而被迫放弃。美国支持欧洲军方案的理由是：首先，欧洲军方案是大家都能接受的联邦德国参加欧洲防务的唯一形式，杜鲁门总统和艾奇逊国务卿都表达过这样的意思。其次，欧洲军在政治上的好处是可以带来欧洲的统一，统一是解决欧洲一切困难的办法，而在这一点上美国是负有责任的。此外，美国从防务共同体上看到了从欧洲撤军的希望，他们希望欧洲人自己保卫自己，以减轻美国的经济和军事负担。

美国人把欧洲防务共同体当作美国对外政策的基石，对防务共同体热衷到了极端的地步。1953 年 1 月就任美国总统的艾森豪威尔将军对欧洲防务共同体充满期待；国务卿杜斯勒对成立防务共同体的事情急不可耐，甚至威胁说，如果法国人不愿意成立欧洲军，美国将重新考虑它是否要参加欧洲防务。然而美国对欧洲的压力却起了反作用，法国人不喜欢这种被人强加的感觉，反对防务共同体的人利用了这一点。1954 年 8 月，法国国民议会否决了欧洲防务共同体草案，这项法国人提出的方案因为自己的反对而宣告流产。

---

① ［法］皮埃尔·热尔贝：《欧洲统一的历史与现实》，丁一凡等译，第 126 页。

欧洲防务共同体失败后，让·莫内把目光投向经济一体化。他看到了原子能的和平利用前景，也看到了其所具有的重要的心理价值，即把各国的核能工业置于一个共同体的监督之下，禁止各成员国把它用于军事目的。1955年4月，卢森堡外交大臣约翰·威廉·贝恩向比利时外交大臣斯巴克递交了一份备忘录，批评分部门一体化的方法，主张全面的一体化。他建议实现欧洲经济一体化，通过关税同盟实现经济同盟。这个建议很快得到了荷兰、比利时、联邦德国和意大利的积极回应。1955年6月，欧洲煤钢共同体六国外长在意大利墨西拿举行会议，对莫内计划和贝恩计划进行了认真的讨论。会议决定成立一个由斯巴克主持的委员会，起草相关的报告。1956年出台的斯巴克报告对建立欧洲原子能共同体和全面的共同市场都作了大致的规定。5月29—30日，在意大利威尼斯举行的六国外长会议批准了报告。1957年3月，六国在罗马签署了《建立欧洲经济共同体条约》和《建立欧洲原子能共同体条约》，这两个条约合称《罗马条约》。1958年，《罗马条约》正式生效，欧洲经济共同体、欧洲原子能共同体和已经存在的欧洲煤钢共同体全都运转起来，欧洲一体化进入了一个新阶段。

对原子能共同体和共同市场，美国仍然一如既往地给予支持。为了在核能利用方面保持西方对苏联的领先地位，也为了推进欧洲一体化的发展，美国愿意它的欧洲盟国和平利用核能，并对欧洲原子能共同体持赞成态度。美国在欧洲防务共同体的问题上犯了冒进错误，因此在对待欧洲原子能共同体计划时吸取了教训。杜勒斯国务卿指示美国驻波恩大使，美国对欧洲意识到需要“从合作过渡到建立联邦机构，并进行必要的主权让渡”表示欢迎，不过国务院希望美国大使“鼓励和支持德国人和其他欧洲人倡导这种观点”，但不向他们施加美国的任何压力。[①]尽管最后成立的欧洲原子能共同体并没有如美国所愿，禁止对核能进行军事利用，防止核武器的扩散，但由于它对欧洲一体化有益，美国仍对它表示满意和支持。

关于共同市场，美国企业界对欧洲关税同盟感到不安，尤其对欧洲建立共同农业市场计划中的保护主义因素不满，但美国政府并没有因为农业问题而放弃对共同市场计划的支持。美国表示由于共同市场引起的问题，包括农

---

① *FRUS*, 1955 - 1957: *IV*, Telegram from the Secretary of State to the embassy in Germany, 1 July 1955, p. 308.

业方面的问题，“应该是在关贸总协定框架内的谈判议题”[①]。而且美国国务院还决定一切经济问题的具体谈判应该在《罗马条约》被六国批准以后再进行，以免干扰六国议会批准条约。美国这样做有两个原因：第一，它认为共同市场虽然有可能为美国培养强劲的竞争对手，但也有符合美国经济利益的一面，即“经济一体化能让欧洲经济强大和现代化，提高劳动生产率和消费水平，而这些反过来会使欧洲成为美国出口的一个更好的市场”。至于欧洲经济一体化可能会对美国出口造成歧视，美国自信不会对自身经济构成威胁，因为一个强大的、统一的欧洲经济比一个弱小的、低效率的欧洲经济更有可能与美国进行自由贸易，从而保证美国的贸易利益。第二，美国认为“紧密的经济一体化会极大地促进欧洲国家之间的联系”[②]。对美国而言，经济因素必须放在第二位，统一的欧洲带来的政治利益是第一位的。[③]

三　美国支持欧洲一体化的动机

可以看出，在欧洲一体化的起步阶段，美国不仅支持一体化，而且还屡屡推动一体化的发展，有的时候显得比欧洲人自己更积极。这就让我们不能不分析美国支持欧洲一体化的动机。

首先是政治上的考虑。即遏制苏联和德国的“双重遏制”的需要。从战争后期到战后初期，美国对欧洲一体化的政策经历了从漠然到支持的变化。因此，分析美国对欧洲一体化的政策演变，要放到这一段具体的时期中去考察。在这段时间，美国的对外战略中最大的改变是对苏联的政策。罗斯福与苏联合作的思想决定了美国对苏温和的基本政策。然而，随着美苏矛盾的加剧，冷战局面的逐步形成，遏制苏联成了美国的头等大事。在美国人眼中，欧洲一体化有利于遏制苏联，这是美国支持欧洲一体化的最根本的政治原因，也是美国在经济方面一再做出让步，不惜冒经济风险去支持欧洲恢复经济，实行经济联合的根本原因。欧洲对美国有着重大的战略利益，美国要遏制苏联，称霸世界，首先就要保证西欧这块资本主义阵地。东欧已经丧失了，如果西欧由于经济凋敝、政局动荡或发生革命而最终落入苏联的势力范围，对美国来说是不堪设想的。所以，美国不惜斥巨资援助西欧，帮助它恢

① *FRUS*, 1955 - 1957: *IV*, Memorandum from Dillon to Randall, 11 Apr. 1957, p. 553 No. 2.

② *FRUS*, 1955 - 1957: *IX*, Report by the chairman of the Council on Foreign Economic Policy (Randall), Sept. 1956, pp. 24 - 25.

③ [法] 皮埃尔·热尔贝：《欧洲统一的历史与现实》，第184页。

复经济，走向复兴。在美国人看来，欧洲复兴和繁荣的最好办法是欧洲一体化。因此就出现了这样的推论：欧洲一体化有利于欧洲复兴和繁荣，欧洲的繁荣和强大有利于遏制苏联，为了遏制苏联美国必须支持欧洲一体化。

欧洲一体化不仅是美国遏制苏联的重要举措，同时也有遏制德国的意图。人们很容易看到美国扶植德国，努力使德国融入欧洲一体化的一面，却常常忽略美国遏制德国的一面。事实上，美国十分害怕陷入欧洲各国的内部争斗中。这些争斗已经两次把美国拖入战争，而这两次战争都是德国发动的，因此美国对德国深怀戒备之心。如何消除德国民族主义对和平的威胁，如何遏制德国就成了至关重要的事情。美国从欧洲联合尤其是法德和解中看到了欧洲和平的希望，认为德国这个国家，既不能歧视它，也不能放任它，而把德国融入欧洲一体化中来无疑是约束德国的最好办法。此外，在冷战的特殊环境下，美国一开始害怕德国倒向苏联，继而害怕德国在美苏之间保持中立，而西欧一体化却能把德国牢牢地拴在西方阵营。[①]总之，认为一体化能解决德国问题是美国支持一体化的一个重要原因。

其次是经济上的考虑。美国在欧洲有巨大的经济利益，美国的经济繁荣离不开西欧的经济复兴和繁荣。杜鲁门政府的决策者相信美国的经济活力要求重建欧洲这个主要的贸易伙伴的经济，并把它融入世界贸易的多边体系中。[②]在美国人看来，欧洲的经济复兴只能依靠联合才能实现，他们认为，广大的市场和自由贸易体制是经济繁荣的关键，而欧洲的市场分裂成小块，实行贸易保护主义，所以经济难以恢复。要想经济繁荣，欧洲必须打破保护主义，在欧洲内部实行自由贸易，形成一个统一的共同市场。繁荣的欧洲不仅是美国必不可少的贸易伙伴，还可以减轻美国对欧洲的援助和承担的义务。他们深信，一个繁荣的经济发达的欧洲从长远看符合美国利益。

再次是对美国模式的自信。许多美国人认为，美国的模式，包括联邦制、政治民主、自由经济和开放的市场是成功的、值得别人效仿的模式。参议员亚历山大·史密斯说：“我们都知道欧洲几百年来的分裂状态使人民不容易相互理解，而相互理解恰恰是他们赖以前进的动力。在美国，我们依靠经济统一和政治体制很好地解决了这个棘手的问题。我们的经验可以对一个

---

① Geir Lundestad, *Empire by Integration: The United States and European Integration*, 1945 - 1997, Oxford University Press, 1998, pp. 22 - 28.

② Michael Hogan, *The Marshall Plan: America, Britain, and the Reconstruction of Western Europe*, 1947 - 1952, p. 26.

负责任的欧洲，或至少对欧洲国家的联合产生深远的影响。”[①]杜勒斯曾表示，美国人认为欧洲的分裂是他们过去战乱不断的原因所在，因此欧洲人有义务联合起来，以消除战争，和平发展。[②]经济合作机构（ECA）的领导人保罗·霍夫曼也认为美国的经验值得欧洲借鉴。他在欧洲经济合作组织（OEEC）发表讲话时说：“在美国我们有一个 1.5 亿消费者的单一市场，这对保持我们的经济实力和效率是必不可少的。”[③]总之，在美国人看来，美国式的联邦制是消除欧洲常年战争的灵丹妙药，而美国式的统一大市场是欧洲经济繁荣的基础。这是他们支持欧洲经济和政治一体化的另一个重要原因。

本章小结：

在欧洲一体化的起步时期，美国不仅通过马歇尔计划给一体化注入第一次动力，在一体化的领导者问题上施加影响，而且对一体化的许多方案都给予热情支持，积极地推动欧洲一体化的进程。毫无疑问，美国在战后欧洲一体化过程中起到了重要的作用。从另一个角度看，在战后初期，欧洲丧失了几个世纪以来的世界中心地位，不得不依靠美国的经济援助和军事保护，而美国作为战后两个超级大国之一，对世界和欧洲的影响力毋庸置疑。在力量对比如此悬殊的情况下，欧洲一体化没有美国的支持是很难想象的。从这个意义上说，美国的支持对欧洲一体化的进展不可或缺，美国对欧洲一体化的态度和政策在一定程度上决定了欧洲一体化的命运和走向。

---

① Max Beloff, *The United States and the Unity of Europe*, London; Westport: Greenwood Press, 1976, p. 27.

② Geir Lundestad, *Empire by Integraticn: The United States and European Integration*, 1945 - 1997, p. 16.

③ John Killick, *The United States and European Reconstruction*, 1945 - 1960, p. 138.

第三章　法德和解与欧洲一体化的兴起

战后欧洲一体化是以法德两国的和解与合作为前提和基础的。但在战后初期，法国并没有与德国和解的意思，其外交政策的主要目标是削弱德国，甚至肢解德国，防止德国东山再起，以保证法国的军事和经济安全，和解与合作不在法国的考虑之内。那么，法德两国是如何实现从对立到缓和，从敌对到和解直至合作的转变的呢?

第一节 法德和解与欧洲一体化

一　战后初期法国对德政策

战后初期，法国外交政策有两个基本特征：即削弱德国和在美苏之间奉行中间政策。与德国和解并与德国一起推进欧洲一体化，并没有纳入法国对外政策的政策目标。

从1944年戴高乐临时政府起至1947年，法国对德政策基本上沿袭了戴高乐将军的观点。戴高乐将军最初考虑肢解德国。他在《战争回忆录》中阐明了肢解德国的意图："为了使法国的复兴成为可能，必须消除日耳曼主义的侵略势力"，接着，他说明了肢解德国的计划："不许可再次建立中央集权的德意志帝国！按照我的意见，这是防止德国危险势力再起的首要条件。每当一个有统治欲望和野心的中央政府无视德国各州的特点而控制它们的时候，帝国主义就会出现。这一点我们在威廉二世和希特勒时代看得太清楚了。相反地，假使日耳曼民族的每一个州可以独立存在，各州按照自己的方式管理自己的事务，处理自己的利益，就很可能避免这样组成的联邦走上奴役邻国的道路。如果把作为战略物资来源的鲁尔区置于国际管制的特殊制度之下，就更容易防止这个联邦走向奴役邻国的道路。”①

1944 年 11 月，戴高乐出访苏联，与苏联签订以对付德国为主要目标的《互助同盟条约》，企图在美苏之间保持某种平衡，以提高法国的国际地位，同时与苏联联合制约德国这个夙敌。法国奉行削弱德国的政策是很好理解的，第二次世界大战已经是法德两国 70 年来的第三次战争，而且三次战争都是德国入侵法国。这三次战争对法国的影响十分巨大，法兰西民族遭受了一次又一次的重大损失，蒙受了羞辱。因此，战后的法国外交政策难以摆脱对德国入侵的担心和对德国人深深的戒备与敌意，就不难理解了。

1945 年 8 月，戴高乐将军对美国总统杜鲁门说，德国对法国的三次入侵使法国人的生命、财产蒙受了巨大损失，因此，法国有权利和义务要求保证自己的安全，也就是说，为保证法国的安全要求肢解德国和彻底摧毁德国。②早在 1943 年 11 月美、英、苏德黑兰会议上，三巨头讨论并同意了分割德国的方针。在 1945 年 2 月的雅尔塔会议上，罗斯福和斯大林坚持严惩德国的政策，丘吉尔原则上表示同意，具体细节则由三国外长会议讨论。在美英的坚持下，苏联同意法国参加对德占领，法国还被允许参加盟国对德管制委员会。法国实现了对德国部分地区的占领，报了 1940 年失败的一箭之仇。但是，德国仍是法国的心腹之患，法国要求在影响德国命运的决策中拥有一席之地。在 1945 年 7 月的波茨坦会议上，取代去世的罗斯福任美国总统的杜鲁门明确反对苏联肢解德国和索取巨额赔款的主张，三巨头对德政策出现了温和的迹象。会议最后决定，德国应该被视为“一个单独的经济单位”，由四国占领区的军事长官分别管理；提议建立中央集权的德国财政、交通、通信、外贸和工业部。

波茨坦公告与戴高乐的设想相去甚远，但由于戴高乐没有被邀请参加波茨坦会议，所以连向美英抱怨的机会都没有。波茨坦会议后，法国外长皮杜尔通知美国、英国和苏联驻法国大使，明确表示法国政府不接受波茨坦决议的一些条款，主要包括：第 8 条（iv），即提议建立中央集权的德国行政部门，如财政部、交通部、通信部、外贸部和工业部；第 14 条，即在占领期间，德国应被视作一个经济单位；第 15 条（c），即要求在各占领区之间对

① ［法］戴高乐：《战争回忆录》第 3 卷《拯救，1944—1946》，世界知识出版社 1981 年版，第 47—48 页。

② F. Roy Willis, *France, Germany, and the New Europe*, 1945 - 1967, London: Oxford University Press, 1968, p. 15.

重要商品进行公平的分配，在德国境内实现经济平衡并减少进口需求。[1]法国反对的理由是这些条款会重新建立起一个统一和中央集权的德国。战后初期，法国的对德政策目标非常明确，那就是要阻止德国重新成为一个统一的、中央集权的、强大的国家，保证法国的军事和经济安全。

1945 年 9 月，美、英、苏、法外交部长在伦敦会晤，法国正式提出自己的对德方案，包括：第一，不允许重建中央集权的德意志国家，反对德国建立全国性的政党和中央行政机构。第二，莱茵兰即莱茵河左岸地区脱离德国。科隆以南是入侵法国的通道，应该由法国永久占领；科隆以北的区域应该由荷兰、比利时，甚至英国共同管辖。第三，实现鲁尔国际化，实现萨尔与法国的经济融合。此外，法国还要求大量赔款和拆迁德国工厂，以补偿法国的战争损失。这些主张形成法国战后对德政策的所谓“法国方案”[2]。可以看出，所谓的“法国方案”只有一个主题，那就是肢解德国、削弱德国。波茨坦会议后的几个月，法国在管制委员会及其辅助机构中的代表否决了试图重建德国中央集权政府的每一项提议，使管制委员会的工作陷入瘫痪。到 1946 年 1 月 20 日戴高乐下台的时候，戴高乐已经成功地确立了法国在德国问题上的立场。甚至在他离任后，法国政府的对德政策也没有立即发生变化。

当然，作为一个有远见的政治家，戴高乐还有更远大、更雄心勃勃的目标，他的计划是“把靠近莱茵河、阿尔卑斯山和比利牛斯山的国家在政治、经济和战略上联合起来，使这个组织成为世界三大势力之一；在必要时，使它成为苏联和盎格鲁—撒克逊两大阵营之间的仲裁者”[3]。戴高乐的如意算盘是让欧洲成为介于美苏之间的“第三种力量”，在美苏之间起平衡、仲裁的作用，从而凸显法国的大国地位，复兴伟大的法国。

“法国方案”几乎得到法国从极左到极右各个政党的一致支持，但却遭到美、英、苏三国的一致反对。1946 年 7 月 12 日，苏联外长莫洛托夫明确拒绝了法国关于鲁尔和萨尔的建议，即实行鲁尔国际化和萨尔与法国的经济融合；而美、英、苏三国都认为莱茵兰脱离德国是不能接受的。

1947 年 3 月到 4 月，美、英、苏、法四国外长在莫斯科举行会议。法国

---

① France, Ministère des affaires étrangères, *Documents Français Relatifs à l' Allemagne*, 1945 - 1947 (Paris, 1947), see F. Roy Willis, *France, Germany, and the New Europe*, 1945 - 1967, pp. 16 - 17.

② F. Roy Willis, *France, Germany, and the New Europe*, 1945 - 1967, p. 15.

③ ［法］戴高乐：《战争回忆录》第 3 卷《拯救，1944—1946》，第 194 页。

外长皮杜尔为“法国方案”进行了最后的争取，他建议建立一个联邦制的德国，让各地方政府拥有很大的行政权力，以及鲁尔实现国际化。莫洛托夫否决了把鲁尔和莱茵兰从德国分离的提议，拒绝建立一个非中央集权的联邦制国家，并故意对法国对萨尔的要求不置可否。美英代表比苏联的态度稍微缓和一些，他们同意萨尔与法国的经济融合，还答应由美英向法国供应德国煤。

莫斯科会议首先标志着“法国方案”的失败和法国对德政策受挫，法国肢解德国的主张遭到美、英、苏三国的一致反对，孤掌难鸣。其次由于莫洛托夫反对法国的对德方案，法国逐渐远离苏联，站在美英一边，法国在东西方之间选择西方的政策初见端倪。再次是因莫斯科会议受到“杜鲁门主义”出笼的影响，美苏对立加剧，其后美苏关系逐步陷入冷战的危机，使法国试图在东西方之间充当仲裁人的设想宣告失败。

二　法国对德政策的转变与联邦德国的成立

从 1947 年起，法国对德政策开始节节后退，发生重大转变，不仅逐步放弃了肢解德国、削弱德国的政策，而且容忍了西德的成立；同时，法国也放弃了在美苏之间充当“第三种力量”的政策，逐渐倒向美英一边。

1947 年 11 月 12 日，戴高乐在记者招待会上仍然坚持肢解德国的主张：“我们所考虑的德国的前途，决非原来的帝国，而是由好几个德意志国家重建的德国。”[①]然而，与第二次世界大战刚刚结束时相比，1947 年的国际局势已经发生了很大变化。3 月 12 日，杜鲁门主义出台。它既是美苏冷战正式开始的标志，同时也是美国全球扩张战略的一个宣言。美国从称霸世界、遏制苏联的全球战略出发，推行复兴欧洲、扶植西德的欧洲政策。6 月 5 日，马歇尔在哈佛大学发表了一篇著名演说，提出援助欧洲的“马歇尔计划”。早在 1946 年 9 月 6 日，美国国务卿贝尔纳斯就在他著名的“斯图加特演说”中指出，如果德国变成了一个贫民窟的话，欧洲就不可能恢复元气。[②]很显然，美国在德国问题上的态度与法国提出的肢解德国、削弱德国的主张背道而驰。法国必须做出选择。1947 年 10—12 月，法国已经接受了美国 3.37 亿美元的紧急

① ［法］罗歇·马西普：《戴高乐与欧洲》，复旦大学世界历史系世界史组译，上海人民出版社 1973 年版，第 25 页。

② ［德］阿登纳：《阿登纳回忆录》（一），上海人民出版社 1976 年版，第 110 页。

援助，1948年1月2日又接受了2.84亿美元，1948年4月到1949年4月接受了9.89亿美元。[①]在经济上仰仗美国援助的法国，不得不放弃在美苏之间充当“第三种力量”的政策，倒向美国。在德国问题上，法国放弃对德强硬政策，不再提肢解德国的要求，在冷战的形势下重新考虑对德政策。

贝尔纳斯在斯图加特讲话中明确反对把莱茵河左岸地区从德国分离出去，也反对把鲁尔置于国际共管之下，主张在美、英、法三个占领区内实现经济统一，进而建立一个联邦制国家。他明确支持法国对萨尔的要求，以换取法国在德国问题上的让步，“如果萨尔区并入法国，那么法国就应该重新考虑它对德国提出的赔偿要求，以适应变化了的形势”[②]。此外，他宣称，“美国人民愿意把德国政府归还给德国人民”[③]。1947年5月29日，美英双占区经济委员会成立，合并美英双占区的行动在紧锣密鼓地进行。面对美英的步步紧逼，法国不得不承认双占区的进展，而且进一步考虑合并三个占领区及建立西德政府机构的可能性。

1947年6月27日，英、法、苏三国外长在巴黎举行筹备会议，讨论召开欧洲复兴计划会议事宜。由于存在很大分歧，三天后苏联代表团退出，并谴责马歇尔计划把欧洲分裂为两个国家集团，造成德国重新统治欧洲的危险。东西方关系急剧恶化。1947年12月，在美、英、苏、法四国伦敦外长会议上，苏联提出取消美英占区的合并，立即建立一个德国民主政府，遭到其他三国外长的拒绝，伦敦外长会议宣告彻底破裂。东西方关系进一步恶化。

1948年2月，美、英、法、荷、比、卢六国代表在伦敦讨论德国问题，把苏联排斥在外，称六国伦敦会议。会议的中心议题是成立西德政府，最后达成了“伦敦协议”：于9月1日召开西方占领区德国制宪会议，制定宪法，以便于1949年成立联邦制而非中央集权的西德政府；还规定鲁尔的煤和钢由六国与西德共管。“伦敦协议”几乎否定了“法国方案”的所有重要原则：莱茵兰没有受到特殊对待；鲁尔的工业仍然在德国人手中；即将成立一个拥有警察、立法和税收权力的德国政府，而不是一个亲法国的松散的邦联。但是，法国在萨尔问题上得到满足后，还是同意了“伦敦协议”的条

① F. Roy Willis, *France, Germany, and the New Europe*, 1945 - 1967, p. 20.

② ［德］阿登纳：《阿登纳回忆录》（一），第105页。

③ 同上书，第109—110页。

款，而后国民议会的讨论异常艰难，最后仅以8票的优势（297票对289票）批准了协议。协议为西德的建立扫清了障碍，1949年8月20日，德意志联邦共和国宣告成立，10月7日，德意志民主共和国宣告成立。从此，德国正式分裂为两个国家，东、西德各自纳入东西方两大阵营。

法国批准“伦敦协议”标志着它放弃了在美苏之间充当仲裁人的政策，明确选择了西方阵营。在德国问题上，法国同意成立联邦德国，标志着它放弃了肢解德国、削弱德国的政策，法德关系实现了从对立到缓和，从敌对到和解的转变。

法德和解，首先，是战后国际局势的产物。由于法、德两国分属战胜国和战败国，地位悬殊，在法德和解的过程中，法国的态度和政策无疑起了决定性的作用。第二次世界大战使包括法德在内的昔日欧洲强国沦为二等国家，而美苏两国却在战争中增强了实力，扩大了影响，成为在政治、经济、军事上占有极大优势的强国。战后不久，美苏两国结束了战时联盟关系，拉开了冷战的序幕。冷战把西欧推到美苏对峙的前沿阵地，西欧各国的生存环境恶化，政治格局发生深刻变化。法德成了同一阵营中削弱了的中等国家，都要在美苏冷战的夹缝中求生存、求发展，因此化解宿怨、实现和解与合作成为法德两国的共同需要。对法国而言，冷战使苏联取代德国成为对法威胁的新对手，法国安全防务的主要目标从德国转向苏联。就苏联威胁而言，与法国和解后的德国将成为法国安全的屏障。法国从法苏同盟遏制德国变为法德同属西方阵营共同遏制苏联。因此，法国的对德政策从肢解、敌对转变为和解、合作就成为顺理成章的选择。

其次，美国的欧洲和德国政策对法国的外交政策影响很大。在冷战的背景下，美国从称霸世界、遏制苏联的全球战略出发，推行扶植西德的政策。法国在经济上依赖美国援助，政治和军事上仰仗美国的支持和保护，不可能推行与美国政策背道而驰的对德政策。法国在向美国乞援方面非常积极，据不完全统计，在整个马歇尔计划期间，法国共获得44亿美元的资金，为法国在这一时期总投资的1/10，对法国经济的发展起了一定的推动作用。① 因此，放弃肢解德国的主张转而实现法德和解也成为法国明智的选择。

再次，德国的分裂为法德和解提供了现实基础，德国的分裂使法国暂时打消了对德国挥之不去的戒备之心，使法德的和解成为可能。正如戴高乐所

① 张芝联主编：《法国通史》，北京大学出版社1988年版，第546页。

说："在分裂之后，德国作为一个称霸的和强大可畏的强国已不复存在。"[①]至此，法德和解呈现不可逆转之势。

法德两国的和解，是欧洲一体化的前提和基础，因为"不管在什么形式下考虑欧洲的统一，德国的协助和参加都是绝对必要的"[②]。而德国参加欧洲一体化，必须首先实现法德和解，因此，法德和解成为德国参加一体化的唯一途径，法德和解成为欧洲一体化的基础。

法德和解不仅是两国关系史上具有划时代意义的事件，也是欧洲历史上具有划时代意义的事件，因为它为战后西欧的一体化扫除了障碍，奠定了欧洲联合的政治基础。

第二节 法德合作与欧洲一体化

法德并未止步于和解，而是进一步走向合作，形成欧洲一体化的所谓法德轴心，成为一体化的发动机，是一体化不断发展的关键因素。

欧洲联合并不是第二次世界大战后才出现的新思潮。几个世纪以前，就有一些政治家和思想家憧憬一个联合的欧洲。20 世纪 20 年代末，欧洲统一运动第一次从非官方活动发展为政府间活动。1929 年 9 月，法国总理兼外长白里安在国际联盟会议上建议组织"欧洲联邦"。次年 5 月，法国政府向欧洲 26 个国家政府提交一项"关于组织欧洲联盟体系"的备忘录，即著名的白里安计划，但未在各国引起反响。其后，欧洲统一运动在战争阴云的笼罩下转入低潮。

战后初期，饱受战争摧残的欧洲人开始反思欧洲的局势，欧洲联合思潮重新盛行一时。随着法国对德政策的转变和欧洲联合运动的发展，法国开始调整自己的欧洲政策，积极支持欧洲一体化。法国认为欧洲联合会削弱大国的影响，增强中等国家的影响。法国可以在联合的欧洲发挥更大的作用，提高法国自身的地位。1948 年 2 月 13 日，法国外长皮杜尔在国民议会宣布，法国现在考虑把和平的德国融入统一的欧洲中去，条件是德国要放弃"统治欧洲"的想法。[③]皮杜尔宣称："法国首先是一个欧洲国家，我们目前的使命

---

① ［法］戴高乐：《希望回忆录》第 1 卷《复兴，1958—1962》，上海人民出版社 1973 年版，第 171 页。

② ［法］罗歇·马西普：《戴高乐与欧洲》，复旦大学世界历史系世界史组译，第 20 页。

③ F. Roy Willis, *France, Germany, and the New Europe*, 1945 - 1967, p. 20.

就是要使法国成为欧洲联合的先锋。”[①] 1948 年 6 月，法国终于放弃肢解德国的主张，接受了伦敦协议，同意建立联邦德国。7 月，罗贝尔・舒曼取代乔治・皮杜尔成为法国外长。罗贝尔・舒曼生于洛林，长于被德国兼并的卢森堡，在德国和靠近德国的斯特拉斯堡接受教育。个人的特殊背景和经历不可避免地对他的思想产生影响。他很想使法德之间结束对抗、实现和解，而且是在统一的欧洲的框架下实现和解。在他看来，压制德国并不是一个好办法，因为“一个大国不可能永远受人约束，复兴德意志民族主义的最好方式就是拒绝权利平等。相反，应该创造一种能使德国充满活力而又不对其邻国构成威胁的环境”[②]。这种环境就是欧洲一体化。

一　舒曼计划与欧洲煤钢共同体的成立

在 1948 年六国伦敦会议上，法国在建立西德政府的问题上做出了让步，换取美英在萨尔问题上对法国让步。毗邻法国的萨尔位于德国西南部，盛产煤、钢，历来是法德争夺的对象。第一次世界大战后，萨尔与法国结成关税同盟，其煤矿归法国所有。1935 年 1 月 13 日，根据凡尔赛和约的规定，萨尔举行公民投票，结果大部分选民赞成萨尔回归德国。第二次世界大战后，法国的经济复兴急需大量的煤炭，但从英国占领的鲁尔区进口煤必须以美元支付，且受配额的限制。1949—1950 年，法国对煤的需求是 6200 万吨，但 1949 年本国煤产量仅为 5120 万吨。而萨尔同年出产 1430 万吨煤，自身仅消费 500 万吨，可以补充法国煤产量的不足。[③]法国需要萨尔的煤炭，要求将其作为赔偿。1950 年 3 月 3 日的法国—萨尔协定规定，萨尔地区在政治上自治，但在经济上隶属法国。虽然这一协定具有临时性质，但仍引起了联邦德国的强烈抗议。法德关系因此而恶化。此外，1949 年 4 月 28 日成立了由美、英、法、比、荷、卢和西德代表组成的鲁尔国际管制局，负责监督鲁尔地区煤钢生产的国内消费和对外出口的分配，以防止德国政府有朝一日任意占有鲁尔的资源并拒绝邻国使用这些资源。联邦德国对鲁尔国际管制局也表示了强烈不满，认为是对它的歧视，要求把管制范围扩大到法国和比利时的工业。

为了摆脱从属地位、阻止拆除工厂并维护自己的工业发展潜力，联邦德国

---

① ［法］皮埃尔・热尔贝：《欧洲统一的历史与现实》，丁一凡等译，第 64 页。

② 同上书，第 94 页。

③ Louis Lister, *Europe's Coal and Steel Community: An Experiment in Economic Union*, New York: Twentieth Century Fund, 1960, pp. 445、440.

接二连三地抛出了多项建议。1950 年 3 月初，联邦政府为抗议法国—萨尔协定发表了一份白皮书，建议成立萨尔国际专署和一个包括联邦德国南部及法国洛林在内的关税同盟。此后，联邦德国总理阿登纳两次提出建立法德经济联盟的建议。法国不愿接受处于从属地位的德国的提议，希望自己在经济联合的问题上居于主导地位。因此，摆在法国政府面前的当务之急就是由法国自己提出一个方案来回应德国的建议，寻找一种新的方式对联邦德国的重工业实行国际管制，它既不能继续刺激联邦德国，又要防止欧洲经济可能出现的危机；既要缓和国际紧张局势，又要便于发展欧洲建设，把联邦德国纳入西欧。1950 年 4 月，法国现代化和设备计划总专员让·莫内拟订了一项建立法德煤钢共同市场的计划。在计划中，莫内选择了煤炭和钢铁两个部门。煤炭是“工业的食粮”，由于法国和萨尔的煤质量不佳，如果没有高质量的鲁尔煤，就不适合用来炼焦碳和钢铁，所以法国必须拥有获得鲁尔煤炭的自由，以免德国把煤炭贮备起来，使法国工业陷入困境。钢铁被看作是军备生产和工业生产的基本原料，对钢铁实行共管，几乎会使一场新的法德战争成为不可能的事。莫内还设想把这个计划进一步扩大，在经济和政治方面实现一体化。

这项计划立即得到了法国外长罗贝尔·舒曼的支持，他认为莫内的计划为他一直关切的若干问题提供了一个同时解决的方法，这些问题包括法德和解，为和平目的控制煤炭和钢铁，走向欧洲一体化并建设一个欧洲联邦体系。在他看来，“法国所能期待的最好的保证不在于建筑在强迫基础上的条文，而在于多边的共同体的联系上”①。因为利益的联系久而久之有可能把潜在的对抗因素消灭掉，这并非是不可期望的事，甚至可能比人们所想的还要快。5 月 9 日上午，舒曼致信阿登纳总理，提出法国政府的建议概要，立即得到了阿登纳总理的热情支持。这个计划符合阿登纳的设想，对煤钢生产实行共管可以摆脱不平等的鲁尔国际管制局，在煤钢市场上德国可以与法国取得平等的地位；也符合他主张的法德和解、建设统一欧洲的愿望。

当天下午，舒曼向新闻界宣布了这份爆炸性的文件，文件宣称：“法国政府建议把法德两国全部的煤钢生产置于一个共同的高级机构管理之下，将其纳入一个其他欧洲国家都可以加入的组织之中。共同管理煤钢生产将使作为欧洲联邦第一阶段的经济发展的共同基础迅速建立起来，进而改变这些长期以来专心于制造战争武器而又一再成为武器的牺牲品的地区的命运。如此

① ［法］罗歇·马西普：《戴高乐与欧洲》，复旦大学世界历史系世界史组译，第 21 页。

建立起来的生产上的连带责任将会表明，法德两国之间的一切战争不仅将是难以想象的，而且实际上也是不可能的。”[①]这就是著名的“舒曼计划”。

在这个计划中，法国不再对联邦德国采取怀疑政策，而是建议两国进行密切合作。在煤钢领域，联邦德国可以与法国实现平等合作。在联邦德国，执政的基督教民主党人完全领会了舒曼计划的政治意义，对舒曼计划表示热烈欢迎。在意大利和荷、比、卢，舒曼计划也得到了不同程度的欢迎。1951 年 4 月 18 日，法、德、意、荷、比、卢六国在巴黎签订了根据舒曼计划而制定的《建立欧洲煤钢共同体条约》。1952 年 8 月 10 日，欧洲一体化历史上第一个具有超国家性质的组织——“高级机构”在卢森堡成立，直接管理各国的煤钢生产与销售，《建立欧洲煤钢共同体条约》正式生效。

舒曼计划和煤钢共同体的成立在欧洲一体化历史上无疑有着划时代的意义。它标志着欧洲联合从观念和思潮开始变为现实；超国家机构——高级机构的建立和共同体制度的创立标志着欧洲联合超越了政府间合作，开启了欧洲一体化的新阶段。它对法德关系和欧洲一体化的重要意义也不言而喻：标志着法国不再实行对德歧视政策，德国第一次在战后获得了有限的平等和主权，法德由和解转向密切合作，并把法德合作的思想付诸实施，为欧洲一体化的深化发展奠定了基础。

二　欧洲防务共同体与法德关系

舒曼计划开启了欧洲一体化的大门。1950—1951 年间，各种部门性经济计划层出不穷、风靡一时，欧洲一体化似乎要沿着莫内等人所设想的功能主义的方式进行下去。但 1950 年 6 月 25 日爆发的朝鲜战争大大改变了欧洲建设的方向，经济计划被搁置，欧洲防务问题提上了议事日程。法德两国都对战争表示担心。西德总理阿登纳表示：“我相信，斯大林不仅有对朝行动计划，而且还可能有对德行动计划。在朝鲜发生的一切，在德国都可能重演，同样的命运在等待着我们。”[②]法国独立派领袖保罗·雷诺认为，欧洲虽然不会立刻受到苏联的入侵，但和平是短暂的。[③]从 1950 年 8 月起，法国不断要求美国把西方防线尽可能往东推，德国总理则要求成立一支 15 万人的警察

① ［法］皮埃尔·热尔贝：《欧洲统一的历史与现实》，丁一凡等译，第 102 页。

② ［法］让·莫内：《欧洲之父——莫内回忆录》，孙惠双译，国际文化出版公司 1989 年版，第 150 页。

③ ［法］皮埃尔·热尔贝：《欧洲统一的历史与现实》，丁一凡等译，第 124 页。

部队，并增加西方在联邦德国的驻军。

1950年9月，在美英法三国外长会议上，美国同意向欧洲增兵，但要求欧洲人自己也要加强武装，同时坚持要求重新武装联邦德国。由于英国支持美国，反对重新武装德国的法国陷入孤立。法国政府也明白，如果一意孤行，美国有可能直接和德国达成协议，使德国成为美国的另一个特殊伙伴。法国不得不同意重新武装德国的原则，但希望找出一个更有利于法国的解决方案。几经考虑，让·莫内制订了一份欧洲防务共同体计划，提议按照煤钢共同体的模式和组织系统建立一支欧洲军队。把联邦德国军队放在共同体中，总比一支独立的德国军队要好。他认为这样既满足了美国人的要求，又能防止重建联邦德国师这种灾难出现。1950年10月24日，法国总理勒内·普利文在国民议会上发表了这份建议。他说："法国政府原以为可以先实现煤钢计划，使各国人民的思想都习惯于一个欧洲共同体的概念，然后再去触及共同防务这个如此微妙的问题。但世界上发生的事情却不允许它拖拉行事了。"①

普利文计划受到了联邦德国的欢迎，在一个超国家组织中获得与其他国家一样的平等地位，符合联邦德国的政策目标。1952年2月1日，欧洲防务共同体条约草案公布。草案在联邦德国的联邦议院比较顺利地获得通过，但在法国国民议会，它只得到了微弱的优势。1952年5月27日，法、德、意、荷、比、卢在巴黎签署了成立欧洲防务共同体的条约。除法国外的其他五国议会都先后批准了条约，但1954年8月30日，法国国民议会却否决了条约，欧洲防务共同体胎死腹中。

欧洲防务共同体的失败，其原因在于：首先，它本来就是一个早产儿，是在朝鲜战争的气氛中、出于对苏联入侵欧洲或对欧洲施加压力的恐惧而设想出来的。然而，国际局势的变幻却出乎意料，苏联并没有入侵或威胁欧洲，而且在1953年3月5日斯大林去世后，苏联的外交政策不像过去那样强硬，国际局势趋于缓和。重新武装德国失去了紧迫性和必要性。其次，在法国国内，很多人对欧洲防务共同体能否避免联邦德国的军事复兴心存疑虑，甚至认为"欧洲防务共同体重新武装联邦德国，解除法国武装"②。况且，由于军队都陷在情况恶化的印度支那，法国无法与重新武装的德国保持

① ［法］皮埃尔·热尔贝：《欧洲统一的历史与现实》，丁一凡等译，第128页。

② 同上书，第145页。

平衡。此外，美国人在防务问题上对欧洲施加的压力起了反作用，民族意识强烈的法国人反感美国人的做法。因此，在经过激烈的争吵之后，法国国民议会否决了自己提议实行的条约。欧洲防务共同体流产了，与之相关的政治共同体方案也只好不了了之。

欧洲防务共同体的失败对刚刚启动的欧洲一体化是个打击，欧洲一体化只有煤钢共同体硕果仅存，一时之间似乎陷入了低潮。欧洲防务共同体的失败对刚刚开始合作的法德关系也是一个打击。联邦德国是对防务共同体最为热情的国家，因为联邦德国希望借此机会恢复主权，获得与其他欧洲国家一样的平等地位。这对于战后一直处于战败国地位的联邦德国来说，是求之不得的事情，符合联邦德国的国家利益和政策目标。而法国的拒绝，众所周知，其根本原因在于法国对联邦德国的戒备之心始终萦绕心头，挥之不去，害怕历史重演，害怕法国的国家利益受到联邦德国的侵害。

欧洲防务共同体失败后，1954年，联邦德国被布鲁塞尔条约组织接纳，后改名为西欧联盟。1955年，联邦德国以平等的身份加入北大西洋公约组织。欧洲防务虽然通过西欧联盟而建立起来，但由于在欧洲防务方面起主要作用的是北大西洋公约组织，西欧联盟只是徒有虚名，所以真正的欧洲防务体系并未建立起来，但重新武装德国的问题通过西欧联盟和北约获得解决。

三　欧洲共同市场与法德关系

法德合作刚刚在舒曼计划和煤钢共同体的建立中付诸实践，但很快就在防务共同体的失败中受到沉重打击。法德合作之路能否继续走下去？欧洲一体化能否进一步发展？欧洲共同市场的建立打消了人们的疑虑。

一旦德国重新武装的问题得到解决，如何继续实行欧洲一体化的问题就提出来了。既然军事欧洲的道路被关闭了，政治欧洲也无路可走，莫内等人很自然又回到经济一体化的道路上来了。他建议把各国的核能工业置于一个共同体的监督之下，卢森堡外交大臣约翰·威廉·贝恩则建议实行欧洲经济的全面一体化。1955年6月，欧洲煤钢共同体六国外长在意大利墨西拿举行会议，对莫内计划和贝恩计划进行了认真的讨论。会议决定成立一个由斯巴克主持的委员会，起草相关的报告。1956年出台的斯巴克报告对建立欧洲原子能共同体和全面的共同市场都作了大致的规定。5月29日至30日，在意大利威尼斯举行的六国外长会议批准了报告。随后由斯巴克主持的第二个政府间委员会受命起草原子能共同体条约和共同市场条约。

从1956年秋天开始，由于苏伊士运河事件和匈牙利事件，国际局势渐趋紧张，使六国政府更加坚定了团结的决心。1956年7月20日，埃及将苏伊士运河主权收归国有，来自中东的石油通道被切断。英法对苏伊士运河进行武装干涉，却遭到失败。这使欧洲人意识到欧洲能源供应的不稳定性，因此对开发原子能的兴趣大大提高，建立原子能共同体的工作进展顺利。而英法武装干涉的失败也使欧洲人进一步意识到欧洲与美苏的差距，加上由于匈牙利事件的发生导致国际局势的重新紧张，使欧洲人联合起来、振兴欧洲的愿望重新高涨，共同市场条约的起草也进展迅速。法国和联邦德国虽然有分歧，但仍然在欧洲一体化的总方针下，相互进行了妥协，实现了密切合作。出口贸易发达并信奉经济自由放任主义的联邦德国和荷、比、卢三国都赞成共同市场的原则，希望解除关税壁垒，在共同市场内实行自由贸易。联邦德国由于工业发达而农产品大量依靠进口，对建立工业品关税同盟态度积极而对实行共同农业政策态度冷淡。而法国正相反，工业缺乏竞争力，但农业发达，农产品急需寻求外销市场，因此法国对建立工业品关税同盟感到不安，但强烈要求把共同农业政策纳入共同市场。联邦德国出于其工业利益的考虑和对法德合作的政治需要，同意对农产品实行共同价格，但具体方案留待条约生效后再草拟。此外，法国还要求吸收它的海外领地参加共同市场，并以此作为接受条约的条件。阿登纳总理出于推进欧洲一体化、谋求德国在欧洲的平等地位的政治考虑，还是接受了法国的要求。

在共同市场条约的谈判中，由于法德都有政治合作和推进欧洲一体化的愿望，因此在经济上互相做出了妥协，实现了经济和政治的合作，为条约的签订扫除了障碍。1957年3月，六国在罗马签署了《建立欧洲经济共同体条约》和《建立欧洲原子能共同体条约》，这两个条约合称《罗马条约》。1958年，《罗马条约》正式生效，欧洲一体化从此进入了一个新阶段。法德关系因防务共同体的失败而蒙上的阴影有所减弱，双方从欧洲煤钢共同体开始的合作也因此而更加巩固。

四　法德条约与法德合作的法律化与制度化

共同市场的建立刺激了法德双方的经济增长和经济合作。从1958年到

1962 年，西德的工业生产增长了 35%，法国增长了 23%。同期，法、德与欧洲经济共同体伙伴的贸易翻了一番，而法德之间的贸易则增至原来的三倍。[①]共同农业政策也在法国的坚持、推动和德国的妥协、让步中制定和实施。[②]到 1968 年，共同农业政策开始在六国实行，并对法德两国的农业生产和贸易都起了推动作用。

1959 年 3 月 25 日，戴高乐将军在他就任总统后的第一次记者招待会上说，“今天的德国对我们来说不再是危险。由于德国所拥有的能力、活力和资源，我们把它看做欧洲和整个世界的生活和进步的重要因素”[③]。1962 年秋天，法德两国领导人进行了轰动一时的互访。7 月 2 日至 8 日，阿登纳对法国的国事访问取得了巨大的成功。戴高乐对阿登纳的到访给予了热烈欢迎和高度评价，关于法德关系，他说，“法国和德国发现，他们在领土、劳动力和才能方面是互补的”[④]。德国国内对此十分欣喜，报刊纷纷发表文章，认为“世仇已经结束”，“法国人和德国人之间的和解工作已经完成。这是历史的伟大时刻”[⑤]。9 月 4 日至 9 日，戴高乐对德国的回访甚至比阿登纳的访问还要成功。戴高乐重申，由于苏联的威胁，法德两国人民的联合是必要的，因为欧洲像新大陆的美国一样需要一个力量和繁荣的基础。他说，“一个新的事实，也是现代最伟大的一个事实之一，是德国和法国之间的友谊”[⑥]。为了博得德国民众的好感，戴高乐甚至在公开演讲中用熟练的德语发表讲话，透露自己的先祖来自德国，令德国民众又惊又喜。

1963 年 1 月 22 日，阿登纳总理访问巴黎时签署了《法兰西共和国和德意志联邦共和国关于法德合作的条约》，又称《爱丽舍条约》。条约规定两国政府首脑一年至少会晤两次，外交部长、国防部长至少每三个月会晤一次，负责青年事务的部长至少每两个月会晤一次，以便在外交、防务、教育和青年工作等方面发展合作。条约还规定，法德两国政府在采取任何对外政策上的重要决定之前，都应该互相磋商，以期尽可能采取相似立

---

① European Communities, Statistical Office, *General Statistical Bulletin*, No. 3 (March 1963), pp. 29, 68; No. 4 (June 1984), p. 21.

② 关于法德关系与共同农业政策的制定过程，参见本章第三节。

③ F. Roy Willis, France, Germany, and the New Europe, 1945 - 1967, p. 294.

④ Ibid., p. 306.

⑤ Ibid.

⑥ Ibid., pp. 307 - 308.

场。在防务方面，两国将促使双方的主张接近，在军备方面编制联合计划，两国军队将加强人员的交流。还准备成立一个委员会，来促进两国青年的交往。[①]

因为法美关系正处于紧张阶段，法德条约引起了美国人的不安，他们希望德国能在条约中表达忠诚于美国和北约的意思。在联邦德国国内，这个条约也不是很受欢迎，结果联邦议院在条约前言中加入了一项解释性决议，强调大西洋联盟军事一体化、与美国的合作、尊重经济共同体以及共同体接纳英国的必要性。这项决议大大降低了法德条约的意义，它表明联邦德国在法、美之间选择了美国，因为在当时美国是联邦德国安全的保证者。在安全问题上，美国比法国重要。尽管如此，法德条约对法德双方仍然十分重要。首先，它巩固了 1947 年以来法德和解与合作的进程，以条约的形式使法德两国的友好关系制度化和法律化，在以后的岁月中，法德一再成为一体化的推动者；其次，法德条约所表明的法德合作关系成为欧洲一体化的基础，正如在戴高乐和阿登纳会晤后的两国宣言中所说，“我们坚信，德意志联邦共和国和法兰西共和国之间的紧密合作将是欧洲一切建设事业的基础”[②]。

通过对战后法德关系的梳理，可以看到法德关系经历了从敌对到和解、合作的转变。转变的原因是基于战后国际形势的变化和两国国家利益的需要。戴高乐将军在 1962 年访问波恩时曾作过这样的阐述：

> 联合，为什么要联合？首先，因为我们共同面临着直接的威胁。法国知道，面对苏维埃的统治野心，万一德国屈服了，法国的身心立即遭到祸害；同样，德国也不会不知道，如果身后没有法国的支持，德国必将时乖运蹇。其次，之所以要联合，是因为自由世界的联盟，即欧洲和美国之间的相互承诺要想保持长期可靠和牢固，就必须在旧大陆建立一个强大、繁荣的核心，就像新大陆有美国这样一个核心一样。而这样一个核心的基础，除了我们两国的团结之外，不可能是别的。最后，之所以要联合，是为了实现缓和与国际谅解。当东欧丢弃了迂腐的意识形态

① 法学教材编辑部《国际关系史资料选编》编选组：《国际关系史资料选编》下册（1945—1980），第 492—496 页。

② ［法］罗歇·马西普：《戴高乐与欧洲》，复旦大学世界历史系世界史组译，第 30—31 页。

的统治野心之后，缓和与国际谅解就能从大西洋到乌拉尔为整个欧洲带来平衡、和平与发展。而要实现这一点，西欧必须奉行一项生气勃勃的、强大的欧洲共同体政策，也就是说，主要奉行一项统一的法德政策。①

对法国而言，冷战的形成和东西方关系的紧张，以及对美国的经济援助、军事保护的需要，使法国不得不选择倒向美国一边，接受美国扶植德国的政策，放弃肢解、削弱德国的主张，实现与德国的和解。法德合作和欧洲一体化既是战后欧洲复兴和繁荣的需要，也是对德国的最好控制和约束，是消除德国战争威胁的最好办法，是符合法国国家利益的。

西德总理阿登纳在 1958 年 9 月 14 日首次会晤戴高乐时，说起法德合作的原因更加言简意赅："美国和苏俄这样的超级大国的存在终究是一个事实。这就是欧洲为什么必须团结一致，为什么必须首先加强法德友好合作的原因。我确信这种团结有绝对必要性。"②对德国而言，摆脱战败国的低下地位是战后的当务之急，在依赖美国保护的同时，以平等的地位加入到欧洲一体化过程中去，无疑脱去了战败国的紧箍咒，部分获得了德国梦寐以求的平等主权和平等地位，是求之不得的事情，符合德国的国家利益。这是两国和解、合作的基础，也是两国积极加入到欧洲一体化中来的基础。

第三节　共同农业政策中的法德关系

一　共同农业政策制定的背景

1951 年 4 月 18 日，法国、西德、意大利、荷兰、比利时和卢森堡六国接受法国外长舒曼的计划，正式签订《建立欧洲煤钢共同体条约》，建立了六国煤钢共同市场。1957 年，西欧联合进一步向前推进，当年 3 月 25 日，六国在罗马签订了《建立欧洲原子能共同体条约》和《建立欧洲经济共同体条约》，统称为《罗马条约》。罗马条约规定六国建立工业品关税同盟和

① ［法］阿尔弗雷德·格鲁塞：《法国对外政策，1944—1984》，陆伯源、穆文等译，世界知识出版社 1989 年版，第 177 页。

② ［德］阿登纳：《阿登纳回忆录》（三），上海人民出版社 1973 年版，第 505 页。

制定共同农业政策。

罗马条约明确规定实施一项共同农业政策，把共同市场扩大到农业和农产品贸易，提出了共同农业政策的五项目标，即：保证农业生产的合理发展和生产要素的适当利用，提高农业生产率；保证农业人口的良好生活水平，尤其是提高农业劳动者个人的收入；稳定市场；保证供应；保证对消费者的合理供应价格。但是，与关税同盟不同的是，罗马条约并没有规定共同农业政策的实施步骤和具体方案，这些工作留待条约生效两年后再草拟。这是因为与工业相比，共同体各国的农业有其特殊性，各自农业的发展状况和在国民经济中的地位很不相同（见表3—1），存在许多利益上的矛盾，致使共同农业政策的制定困难重重。

比利时和卢森堡是工业发达的小国，农产品自给率低，需要大量进口，两国对制定共同农业政策只是勉强同意。荷兰的畜牧业一向发达，是畜产品的传统出口国。建立农业共同市场，使六国农畜产品自由流通，对它扩大出口有好处，因此荷兰支持制定共同农业政策。意大利农业人口较多，农业在国民经济中所占的比重在六国中是最高的，但是技术装备和农业结构落后，它一方面要为本国的水果、蔬菜、葡萄酒等产品寻求国外市场，另一方面希望通过共同政策获得财政资助，推动农业的结构改革和技术进步，因此意大利的态度也比较积极。

对共同农业政策最为热情的莫过于法国。法国自然条件优越，农业在整个国民经济中占有重要的地位，农业土地、农业就业人口和农业产值的比重都比较高。战后法国农业恢复很快，共同体成立时，法国的谷物和肉类生产已经逐渐自给有余，寻求农产品外销市场成为当务之急。

西德的态度与法国形成鲜明的对照。战后它的农业发展速度不及法国，农业比重也远低于法国。西德还是六国中最大的农产品进口国，进口额占六国农产品进口的一半以上。它希望继续在欧洲以外的国家购买廉价农产品，继续补贴本国为数不多但从政治上讲十分重要的农业人口。实施共同农业政策，西德必须花高价购买共同体国家的农产品，使工业品价格随之提高。所以西德对共同农业政策态度十分冷淡，最初只赞成“协调”各国的农业政策，[①]后来则对具体措施的制定采取拖延态度。

---

① Edmund Neville - Rolfe: *The Politics of Agriculture in the European Community*, Policy Studies Institute, London, 1984, p. 193.

表 3—1　　1958 年六国农业基本状况

国家	农业就业人口在总就业人口中的比重（%）	农业在国民生产总值中的比重（%）	在六国农业生产中的比重（%）	在六国农业就业人口中的比重（%）	在六国农业用地中的比重（%）
法国	27	12	38.3	29.5	48.7
西德	18	9	22.6	27.4	21.7
意大利	34	23	29.4	37.8	24.5
比利时	10	7	4.6	2.2	2.7
荷兰	12	10	5.0	3.0	3.3
卢森堡	—	—	0.1	0.1	0.1

资料来源：Gavin Strang，“E. E. C. Agricultural Policy”，in *The Year Book of World Affairs* 1979，Vol. 33，London：Stevens & Sons，1979，pp. 57 – 58.

二　法德在制定共同农业政策中的斗争与妥协

六国农业发展状况的不一和利益的分歧使共同农业政策的制定变得漫长而艰巨。在此过程中，西德和法国互相斗争又互相妥协，使共同农业政策在艰难中前行。

1960 年，西欧各国经济蓬勃发展，欧洲经济共同体委员会急于利用这一有利的经济气候加速建成共同市场，同时不愿意在降低关税上落在欧洲自由贸易联盟之后。美国也对西欧施加压力，要求降低关税。种种因素促使理事会在 1960 年 5 月 12 日提出了一个加速关税同盟进程的正式决议，提议从 1960 年 7 月 1 日到 1961 年 12 月 31 日把关税降低 20%。这一建议遭到荷兰和法国的强烈反对，他们认为把农业贸易排除在共同市场之外违背了《罗马条约》关于共同体任务的规定，即“保持经济行为的和谐发展”，坚决要求共同农业政策与关税同盟要“绝对”同步进行，[①]并以使用否决权相威胁。

这一行动主要针对西德。西德是一个传统的农产品进口大国，历来以进口配额和高关税来保护本国农业。按照法、荷支持的由前荷兰农业部长曼斯霍尔特提出的计划，共同体内部将实行农产品自由流通，各国间关税将被取消，各种贸易限制包括西德政府实行的进口配额也将不复存在。计划还建议实行农产品共同价格，协调各国农业结构措施。西德以实施共同支持价格会

① Edmund Neville – Rolfe：*The Politics of Agriculture in the European Community*，Policy Studies Institute，London，1984，p. 207.

引起生产过剩为由加以反对，实际上西德担心以任何一种价格作为共同价格都会低于西德的价格，因为西德是六国中除卢森堡外农产品价格最高的国家（见表3—2）。

表3—2　1958—1959年度六国主要农产品的价格水平（以六国平均数为100）

国家	小麦	大麦	牛奶	猪肉	蛋
西德	109.4	134.6	101.6	110.0	109.4
法国	74.9	76.6	92.1	93.7	89.8
意大利	109.1	93.4	98.7	105.7	113.1
比利时	100.4	105.1	94.3	84.9	94.5
卢森堡	123.3	98.9	116.1	115.3	119.9
荷兰	83.0	91.4	97.8	90.4	73.2

资料来源：Gavin Strang，"E. E. C. Agricultural Policy"，in *The Year Book of World Affairs* 1979，Vol. 33，London：Stevens & Sons，1979，p. 58.

经过激烈的讨论，由于法、荷的强硬态度，意、比保持中立，西德不得不作出让步，表示同意曼斯霍尔特计划所提出的原则，保证一致执行委员会的决议。虽然西德对取消配额制仍持反对意见，但毕竟同意了共同农业政策的基本原则，使共同农业政策的制定得以继续进行。

1960年12月，理事会正式确定了共同农业政策的三项基本原则，即共同价格、共同财政和共同体优惠。所谓共同价格，就是实行建立在价格支持政策与干预机制基础上的共同价格。共同体对农产品进行价格支持，当农产品降到干预价格（又叫支持价格）以下时，共同体的干预机构就会按照干预价格进行收购，因此，农产品的价格从来不会降到干预价格以下。这是共同体为保证农民收入水平的主要办法。共同体优惠是指共同体实行以进口征税和出口补贴为特征的农业贸易政策。对共同体外的农产品征收进口税，把外来产品排除在市场之外，而对共同体的出口产品给予补贴，把大量农产品倾销到世界市场。主要目的是以征收进口税来限制从第三国进口农产品，鼓励从共同体内部进口农产品；同时鼓励和支持共同体向外出口农产品。共同财政是指把征收的进口差额税纳入共同财政，干预收购和出口补贴等的支出由共同财政支付。

1961年5月起，共同体委员会提出了一系列具体方案，包括门槛和目标价格、进口税额、出口补贴、干预收购等等。委员会还提议建立相应的管理机构和欧洲农业保证基金，以确保以上任务的顺利完成。

但是西德人对此不感兴趣，他们希望在 12 年过渡时期结束时即 1970 年才确定农产品的共同价格。尽管遭到委员会的反对，西德仍不改初衷，共同农业政策的制定因此陷于停顿。

1961 年 7 月，法国对西德的拖延态度已忍无可忍，于是故伎重施，威胁说，如果到年底仍不能在共同体组织机构和财政保证问题上达成一致，法国就不过渡到关税同盟第二阶段。

在这种情况下，各国农业部长在布鲁塞尔召开部长理事会进行紧急磋商。这是欧共体历史上第一次马拉松会议，从 1961 年 12 月 14 日一直持续到次年 1 月 14 日，主要讨论了两个问题：

第一，安全保护条款。法国热情欢迎曼斯霍尔特计划，希望在共同体内实行农产品自由贸易，取消关税和进口配额；鼓励从共同体内部进口农产品，以征收进口税来限制从第三国进口农产品，实行保护内部贸易的税率制。法国农业发达，农产品价格较低，共同体内农产品实行自由贸易将为法国的过剩农产品提供广大市场，进口配额制不利于法国的出口。西德则不同，如果取消关税和传统的配额制，西德的农产品和农业生产会受到共同体其他国家廉价农产品的冲击，尤其是法国农产品的冲击；实行税率制则使西德在进口农产品时要花更多的钱，丧失从共同体外进口廉价农产品的优势。法德的态度恰恰相反，因而相持不下。最后经过五天的激烈讨论才达成妥协，决定在过渡时期实行配额制和税率制双重保护措施，但配额最终要被取消。①法德双方都作出了让步，但从长远看，由于配额最终要被取消，只保留税率制，这项协议是法国占了上风。

第二，关于共同农业政策的财政保证问题。共同政策当然需要共同出钱，因此委员会建议，在共同体拥有自己的财源之前由各国捐款，到准备阶段结束时，把征收的进口差额税纳入共同财政基金，支付共同农业政策的各项开支。

西德照例表示反对，因为农业基金的建立对西德财政不利。按照委员会的建议，西德作为一个农产品输入国，进口农产品所征收的大批税款将直接纳入共同体预算而不纳入西德国库；作为一个非出口国，西德从干预收购和

---

① Edmund Neville - Rolfe: *The Politics of Agricnlture in the Europear Community*, Policy Studies Institute, London, 1984, p. 217.

出口补贴中所得甚微，几乎无利可图。至于准备阶段，委员会建议定为6年，西德则希望是7年半。

法德两国就此问题进行了私下协商，并形成了最后决议。决议规定，从1962年到1965年的三年中，头一年的农业开支由成员国负担100%，第二年负担80%，第三年60%，各国分摊的数额与各国净进口量相称。显然，西德作出了重大让步，为了回报西德，其他各国也对西德作出了妥协，同意进口税纳入共同基金但暂不纳入农业基金，西德的总捐款不超过农业总预算的31%，准备阶段后几年的捐款数在1965年进行重新审定，并将准备阶段定为7年半。①

共同体历史上第一次马拉松会议宣告结束，共同农业政策又向前迈进了一大步。这一回合的结果有利于法国等农业发达国和出口国，不利于西德这样的进口国。从1962年7月到1965年7月，法国从农业基金中得到的份额分别为88%、84%和67%，而其分摊的基金份额仅为28%、25%和22%。②

1964年2月，关贸总协定肯尼迪回合的谈判开始。欧共体国家要想以一个独立实体的身份与美国等粮食出口国谈判，就必须确定农产品的共同价格水平，至少应确定谷物的共同价格。但是，西德政府为了保护本国农民，希望把共同价格的实施推迟到过渡时期结束后，对共同价格的制定毫不热心。1963年秋，委员会提议在1964—1965农业年度把谷物价格统一到共同水平，但西德政府劝说本国农民把谷物价格降低11%—13%遇到了困难，所以到1964—1965农业年度仍未达成任何协议。

西德政府能拖就拖的态度终于激怒了法国。1964年10月，法国发出最后通牒，声称到12月中旬如还不能在共同谷物价格和共同农业政策的执行上达成一致，法国就退出共同体。

委员会面临着一个比三年前还要严重的危机，为此召开了共同体历史上又一次马拉松会议。法德两国政府在政治上都受益于重要农业区的选民，都不愿损害本国农民的利益，因此两国的政策似乎很难调和。西德政府暗示它提出的较高的共同价格是它让步的极限。但是，姿态归姿态，会议的第一天即12月12日，西德经济部长施穆赫尔就宣布，他的政府接受委员会提议的共同谷物价格，并且在提高黑麦价格、对农民提供高额补贴、价格的修正条

① Edmund Neville - Rolfe: *The Politics of Agricnlture in the Europear Community*, Policy Studies Institute, London, 1984, pp. 219 - 220.

② 伍贻康等:《欧洲经济共同体》, 人民出版社1983年版, 第144页。

款等方面都作出了让步。当然，西德也得到了一定补偿，在会议达成的一揽子决议中，委员会同意了对西德农民的补贴数额：在 1967—1968、1968—1969、1969—1970 年度分别为 5.6 亿、3.74 亿和 1.87 亿西德马克，对每吨黑麦给予 10 西德马克的额外补贴。[①]由于法国的坚持和西德的妥协，共同农业政策再一次化险为夷。

谷物的共同价格确定后，建立共同农业政策过程中最棘手的问题得到解决。1968 年 7 月 1 日，欧共体六国取消了成员国间在大部分农产品上的贸易限制，制定了统一的价格，建立了共同的对外农产品关税壁垒，提前 18 个月实现了建成共同农业市场的目标。其具体内容包括建立农业共同市场组织，实行统一的农产品价格管理；建立农产品进出口控制机制，贯彻共同体优惠的原则；协调各国的农业结构改革政策，提高农业劳动生产率；建立“欧洲农业指导和保证基金”，为共同农业政策的实施提供资金。

三　法德妥协的原因

从以上的叙述可以看出，共同农业政策之所以能够制定和实施，法国的坚定支持和西德的适时让步是成功的关键。那么，法国为什么要支持？西德为什么要让步？

在短短几年时间里，法国三次推动了共同农业政策的制定进程。法国如此坚定地支持共同农业政策，除了上文提到的，共同农业政策除会给法国农业财政带来好处、扩大农产品出口、保证农民收入之外，还与法国当时所处的国际、国内环境有关。

首先，实施共同农业政策有利于稳定政局。共同农业政策是法兰西第四共和国的遗产，但具体的制定过程则是在戴高乐当政的第五共和国时期。1958 年 6 月，戴高乐面临的是一个内外交困、危机四伏的法国。第四共和国在 1946 年到 1958 年短短 12 年的时间内，先后更换了 21 届内阁总理，局势动荡不安。戴高乐出任总理后的第一件大事就是制定新宪法，建立起一个强有力的、稳定的国家政权。第二件大事是果断结束阿尔及利亚战争，初步稳定国内政局。此时，法国工业面临的问题是结构僵化，缺乏竞争能力，农业则主要面临着农产品日渐自给有余，需要寻求出口市场的问题。60 年代初，

---

① Edmund Neville - Rolfe: *The Politics of Agricnlture in the Europear Community*, Policy Studies Institute, London, 1984, pp. 229 - 230.

法国农民多次举行示威游行，要求改善处境，提高生活水平。戴高乐对农村的相对衰落深感“忧虑”，他清楚地认识到满足农民的要求对于国家的重大意义，因为农村是“制度的基础，祖国的依靠”①。建立共同农业市场不仅能为法国过剩农产品找到出路，刺激农业生产，而且可以通过共同支持价格提高农产品价格，保证农民特别是小农的收入，消除一些社会不安定因素，对进一步稳定政局起到一定作用。因此戴高乐尽管对欧共体的某些超国家性质不感兴趣，但在重新执政之初，“就立刻接受了共同市场”②。

其次，制定共同农业政策有利于法国经济合理协调的发展。由于建立了强有力的国家政权，解决了阿尔及利亚问题，法国的局势开始好转。进入60年代后，经济发展速度明显加快，法国政府在大力发展新兴工业、改造传统工业的同时，十分重视农业的发展。戴高乐强调“要利用发明不断更新工厂里的产品和田间的收获”，要进行工农业自身改革来“增加生产”，提高“工农业的数量和质量”③。在第五共和国政府制订的1962—1965年经济与社会发展第四个计划中，确定了工农业现代化的项目和指标，采取了工农业齐头并进，使经济协调发展的政策。共同农业政策能促进法国农业发展，扩大对外出口，正好符合了发展农业的需要，因此法国政府对共同农业政策的支持是不遗余力的，甚至几次以最后通牒的强硬手段来达到自己的目的。

再次，共同农业市场可以取代法国殖民地在法国对外输出中的重要地位。第五共和国建立之初，法兰西联邦被较为松散的法兰西共同体所代替，但是好景不长，随着1960年非洲国家纷纷独立，法国在黑非洲的海外领地除法属索马里外都宣布独立了，第五共和国所设想的法兰西共同体已经名存实亡。法国对海外殖民地的输出历来占有重要地位。1913年法国对殖民地的输出占其出口总额的13%，1928—1930年占18.5%，1934—1936年占31.9%。50年代中期，在法兰西共同体解体之前，法国向殖民地输出再次达到1/3。但是解体后对这些国家的工业品出口量只占整个产量的6.6%。④共

① ［法］戴高乐《希望回忆录》第一卷《复兴，1958—1962》，上海人民出版社1973年版，第163页。

② 同上书，第165页。

③ 同上书，第139页。

④ ［法］弗朗索瓦·卡龙：《现代法国经济史》，吴良健、方廷钰译，商务印书馆1991年版，第189—190页。

同农业市场建成后，法国农产品大量向共同市场输出，正好可以弥补对外输出的这个巨大差额。

最后，共同农业政策可以成为法国倡导的西欧联合的经济基础。戴高乐一生致力于建立“伟大的法国”，恢复法国的大国地位。在战后冷战形势下，戴高乐意识到只有联合西欧各国，才能抗衡美苏，同时通过建立法国在共同体中的领导地位，恢复法国在世界的大国地位。从这个角度看，共同农业政策对法国至关重要。有人认为：“从经济上说，欧洲经济共同体的实质是西德工业与法国农业的联姻。”①这句话的确道出了共同农业政策对法国的重要性，法国只有利用共同农业政策，在一定程度上抵消西德的工业优势，才有可能保持在欧共体中的重要地位，谋求法国所希望的西欧联合。因此，法国必须牢牢抓住共同农业政策这张王牌，为西欧联合奠定经济基础，同时也为建立“伟大法国”奠定基础。

西德的情况与法国恰恰相反。西德在共同农业政策的制定过程中能拖则拖，态度消极。但在关键时候，却屡屡作出妥协，被动地配合着法国对共同农业政策的积极态度。西德对共同农业政策不热情，是因为这一政策跟它过去的农业政策相抵触。西德是六国中最大的农产品进口国，进口额占六国农产品进口的一半以上。它当然希望继续在欧洲以外的国家购买廉价农产品。而实施共同农业政策，西德必须花高价购买共同体国家的农产品，而且，由于共同农业政策实行进口征税和出口补贴的贸易政策，作为农产品进口国的西德将成为净支出国，在经济上对西德十分不利。而西德之所以能最终接受共同农业政策，主要基于以下的考虑：

第一，西德为了得到对自己有利的工业品关税同盟而在农业问题上做出让步。经过战后的经济复兴，西德在六国中经济实力最强，出口竞争力也较强。50年代期间，西德国民生产总值年平均增长率达7.8%，工业生产年平均增长率达到9.6%，劳动生产率年平均增长5.7%，比其他成员国都高。1958年，西德在共同体六国经济中所占的比重为：国内生产总值占36.2%，工业生产占47.3%，钢产量占45.3%，电力产量占41.3%，均居六国之首。西德出口额占六国总额的29.3%，连年贸易顺差，黄金外汇储备接近六国黄金内外汇储备总额的一半。②由于西德的商品竞争力强，

① 张锡昌、周剑卿：《战后法国外交史，1944—1992》，世界知识出版社1993年版，第57页。

② 伍贻康等：《欧洲经济共同体》，第96—97页。

且严重依赖国外市场，所以在对外贸易上采取低关税政策，以换取别国的对等待遇，扩大出口。西德关税中有 79.5% 的税率都是 10% 以下的低税率，15% 以上的高税率仅占 1.9%。[①]而法国的经济实力和出口竞争能力都不如西德。1958 年工业生产和钢产量只有西德的一半多一点。由于工业品竞争力差，法国一直采用高关税保护本国市场，法国的低税率仅占 23.8%，高税率却占 61.3%，与西德相比，法国关税率比西德平均高出 40%—60%。[②]建立关税同盟，西德无疑将成为最大的受益国，因此对建立关税同盟最为积极。

但是，法国却在共同农业市场问题上步步紧逼，几次要求以共同农业政策的进展换取关税同盟的实行，令西德一次次作出让步。1960 年，法国坚决要求共同农业政策与关税同盟要“绝对”同步进行，并以使用否决权相威胁。1961 年，法国威胁说，如果到年底仍不能在共同体组织机构和财政保证问题上达成一致，法国就不过渡到关税同盟第二阶段。为了关税同盟的顺利实施，西德不得不在农业问题上向法国作出妥协。因此，关税同盟之于西德和共同农业政策之于法国一样，都是各自经济利益的平衡点。法国为了共同农业政策在关税同盟上让步，而西德则为了关税同盟在共同农业政策上让步。1968 年 7 月，在共同农业市场建成的同时，共同体的内部关税削减和对外税率统一也完成，均比原计划提前了一年半。

第二，西德在共同农业政策上的妥协是为了适应西德外交政策的需要。第二次世界大战后，对西德至关重要的不仅是经济的复兴，更重要的是摆脱战败国的低下地位，取得与包括法国在内的欧洲各国的平等地位。以平等的地位加入到欧洲一体化进程中去，无疑脱去了战败国的紧箍咒，得到了联邦德国梦寐以求的平等主权和平等地位，是求之不得的事情，符合联邦德国的国家利益。因此，对西德而言，支持欧洲一体化的政治需要是放在首位的，与政治利益比较起来，在经济上蒙受一些损失算不了什么，付出这样的代价西德是心甘情愿的，更何况在农业上的损失还有工业上的利益来弥补。这就解释了联邦德国为何一而再、再而三地在共同农业政策上作出让步。英国首相麦克米伦在评论德国对共同市场的态度时说：“德国人主要是从政治上看到共同市场的好处的。特别是阿登纳博士担心苏联对孤立的西德施加政治压

① 伍贻康等：《欧洲经济共同体》，第 97 页。

② 同上书，第 97—98 页。

力的影响，同时他还相信，只有法德在政治上的联盟才能防止央格鲁—撒克逊人在牺牲德国的情况下同俄国人在东欧问题上搞交易。因此，他准备付出经济上的代价以换取法国的政治支持。”[①]这段话可谓“旁观者清”。

本章小结：

早期欧洲一体化之所以能顺利发展，是由于法德实现了和解，法德和解的历史进程也是早期欧洲一体化的历史，法德和解是欧洲一体化的基石。两国的和解和选择一体化是基于战后国际形势的变化和两国国家利益的需要。对法国而言，冷战的形成和东西方关系的紧张，以及对美国的经济援助、军事保护的需要，使法国不得不选择倒向美国一边，接受美国扶植西德的政策，放弃肢解、削弱德国的主张，实现与德国的和解。法德合作和欧洲一体化既是战后欧洲复兴和繁荣的需要，也是对德国的最好控制和约束，是消除德国战争威胁的最好办法，是符合法国国家利益的。对联邦德国而言，摆脱战败国的低下地位是战后的当务之急，在依赖美国保护的同时，以平等的地位加入到欧洲一体化进程中去，无疑脱去了战败国的紧箍咒，得到了联邦德国梦寐以求的平等主权和平等地位，是求之不得的事情，符合联邦德国的国家利益。这是两国和解、合作的基础，也是两国积极投身欧洲一体化的基础。法德之间的合作则是欧洲早期一体化的发动机，在自身利益的基础上，法德选择了联合起来，共同走向一体化的道路。法德这两个民族国家的和解与合作，对欧洲一体化的兴起起到了至关重要的作用，民族国家在一体化过程中的作用毋庸置疑。从共同农业政策的制定过程中可以看出，共同农业政策之争实质上是民族国家利益之争，法德从自己的经济利益和政治利益出发，无论是坚持还是妥协，都是希望通过农业政策来实现各自民族国家的利益最大化。

---

① ［英］哈罗德·麦克米伦：《指明方向，1959—1961年》，商务印书馆翻译组译，商务印书馆1973年版，第68—69页。

第四章　英法矛盾与欧洲共同体的扩大

在法德终于实现和解，欧洲一体化艰难起步之后，欧洲的另一个大国英国加入共同体的问题，长期占据着一体化事务中的重要地位。在英国加入共同体的过程中，法国因为两次否决英国的申请而使英法之间的矛盾和冲突成为这一时期的焦点。法国的否决使英国加入共同体的时间推迟了十年之久，这不仅对英国产生了影响，也对共同体的发展产生了重大影响，它使共同体的扩大推迟了十年，在英国缺席的情况下，法德轴心顺利地发展起来，也使发展初期的共同体共同农业政策按照法国的设想成形。

第一节　英国错失加入共同体的机会

作为传统的欧洲大国，英国缺席早期的欧洲一体化进程似乎是匪夷所思的事情。然而，英国先后拒绝舒曼计划和欧洲共同市场，游离于早期欧洲一体化进程之外。直到1961年8月9日，英国正式申请加入欧洲经济共同体，1962年2月28日，又提出加入欧洲煤钢共同体和欧洲原子能共同体的申请。由于法国的反对，英国的两次申请均被拒绝，但英国仍然坚持加入共同体的立场。从拒绝参加共同体，到几次三番地申请加入共同体，这其中发生的巨大转变是不容忽视的。这种转变是在怎样的背景下产生的？转变的原因何在？

一　战后初期英国的欧洲政策

第二次世界大战以后，欧洲各国都受到严重削弱。相比之下，英国的情况不算太糟。英国在对德作战中起到了重要作用，它既不是德、意那样的战败国，也不像法、比、荷等国家那样曾沦为被占国，没有战败的切肤之痛。英国本来是领导欧洲一体化的最佳国家，但是英国拒绝了舒曼计划和欧洲共同市场，从而错失了成为欧洲共同体创始国的机会，也错失了在战后初期领导欧洲的机会。

英国拒绝参加欧洲一体化的进程，是英国对欧政策的结果。其实，在战后初期，英国外交大臣贝文曾奉行积极的欧洲联合政策，设想把西欧建设成由英国领导的、以英法合作为核心的、独立于美国和苏联的“第三种力量”。1947 年 3 月 4 日，英法在法国敦刻尔克签署《英法同盟互助条约》，即《敦刻尔克条约》。对英国而言，《敦刻尔克条约》一方面以防止德国侵略势力复活为目的，为英法进一步加强合作打下基础。另一方面，两国领导人也注意到苏联和“共产主义”的威胁，条约并未对美国的援助关上大门。因此，《敦刻尔克条约》“既能使英国在美国不对欧洲作出承诺的情况下退而依靠西欧联盟，控制西欧的局势，又能进而追求大西洋联盟”①。在此基础上，1948 年 3 月 17 日，英法与荷比卢正式签署了《布鲁塞尔条约》。《布鲁塞尔条约》是一个针对德国和苏联、以军事同盟为核心的政治、经济、文化全面合作的条约。

对马歇尔计划的不同态度导致东、西欧在事实上的分裂，1947 年 12 月，讨论德国等问题的美苏英法四国外长伦敦会议不欢而散，东西方关系恶化。1948 年 2 月，美、英、法、荷、比、卢六国代表在伦敦讨论德国问题，把苏联排斥在外，史称六国伦敦会议。会议的中心议题是成立西德政府，最后达成了同意西德建国的“伦敦协议”。东西方关系进一步恶化。由于与昔日盟友苏联已经反目成仇，英国建立“第三种力量”的设想已失去了意义，选择西方阵营，依靠美国的强大经济和军事实力防止苏联“共产主义”的威胁成为英国的立场。1948 年 3 月 11 日，贝文在给马歇尔的备忘录中建议：“缔结一项地区性的大西洋国家相互援助条约，所有直接受到苏联在大西洋地区行动威胁的国家都应包括在内，如美国、英国、加拿大、爱尔兰、冰岛、挪威、丹麦、葡萄牙、法国（在西班牙有了一个民主政权之后，也应包括这个国家）。”② 1949 年 4 月 4 日，美国、加拿大与《布鲁塞尔条约》的 5 个缔约国以及意大利、葡萄牙、丹麦、爱尔兰和挪威签署《北大西洋公约》，美国正式介入欧洲的防务。英国实现了建立大西洋联盟并依靠大西洋联盟的意图。

---

① 洪邮生：《英国对西欧一体化政策的起源和演变（1945—1960）》，南京大学出版社 2001 年版，第 13 页。

② 转引自陈乐民主编《战后英国外交史》，世界知识出版社 1994 年版，第 39 页。

在欧洲联合的具体方式和性质上，英国与欧洲大陆国家及美国一直存在分歧。在欧洲大陆国家，欧洲统一的思想源远流长。进入 20 世纪之后，从 1923 年库当霍夫 - 卡莱吉伯爵轰动一时的《泛欧洲》、1929 年法国总理兼外长白里安建议组织的“欧洲联邦”，到战后在欧洲轰轰烈烈推进的欧洲统一运动，各种支持欧洲联合的组织在欧洲层出不穷。尤其是联邦主义在欧洲大陆很有市场。联邦主义者主张放弃民族国家这种形式，建立“欧洲联邦”或“欧洲合众国”。美国把欧洲一体化作为冷战和实现美国领导地位的工具，对欧洲一体化不遗余力地进行支持。[①]而英国一直对政治一体化不感兴趣，反对超国家的一体化，只赞成政府间合作的方式。

1948 年 10 月 9 日，丘吉尔在英国保守党年会上提出了“三环外交”的总方针。他说：“在此关系到人类命运的变革时刻，在展望我国未来的时候，我感到在自由和民主国家中存在着三个大环。……对于我们来说，第一个环当然是英联邦和英帝国及其所包括的一切。第二个环是包括我国、加拿大及其他英联邦自治领在内，及美国起着如此重要作用的英语世界。最后一个环是联合起来的欧洲。……事实上我们正处在三环间的连接点上。”[②]显然，在丘吉尔心目中，联合起来的欧洲是最后一个环，其地位在英联邦和英语世界之后。不仅如此，“尽管丘吉尔不断地为建立欧洲联盟而奔走呼号，但在当时英国主要的政治家——特别是丘吉尔的心目中，认为这个欧洲联盟中并不包括英国”[③]。因为英国人自认英国是版图遍及全世界的“大英帝国”的首脑，如果作为一个成员国参加欧洲联盟，与大不列颠的国际地位不相称。1950 年 6 月 27 日，丘吉尔在下院的一次演说中说：“由于我们处在英帝国和英联邦的中心地位，并在英语世界里与美国有兄弟般的关系，因此，我们不能接受欧洲联邦制度中充分成员国的地位。”[④]丘吉尔在 1951 年 10 月刚刚重掌权力后不久还对他的内阁同事们说：“我从来不认为英国或者英联邦应该单独或集体地成为欧洲联盟一个必需的部分，我也从来没有对这样的想法给予过哪怕最轻微的支持。”[⑤]爱德华·希思也印证了丘吉尔的这一看法，他认

① 关于美国对欧洲一体化的政策，参见第二章。

② 转引自陈乐民主编《战后英国外交史》，第 62 页。

③ 同上书，第 65 页。

④ 同上书，第 66 页。

⑤ Alex May, “‘Commonwealth or Europe?’: Macmillan’s Dilemma, 1961 - 1963”, see Alex May (ed.), *Britain, the Commonwealth and Europe: The Commonwealth and Britain’s Applications to Join the European Communities*, Palgrave Publishers Ltd, 2001, p. 85.

为丘吉尔“没有把英国看作是这个统一欧洲的一员。英国和英联邦及帝国自己应当成为一个强大的世界集团”[①]。丘吉尔的两段话很能说明英国政治家对战后初期英国在世界事务中的定位以及英国对于自己在欧洲联邦中的地位的看法。英国仍然希望像 19 世纪那样凌驾和超越于欧洲大陆之外去影响和干预欧洲事务。丘吉尔关于欧洲合众国的想法是要带来一个法德之间的永久和平的安排，他认为这个安排是未来欧洲和平赖以存在的基础，但并没有把英国包括在内。他认为英国的作用是在欧洲、大英帝国和英联邦以及美国之间充当一个联系者的角色。[②] 直到 1962 年，工党领袖盖茨克尔在工党大会上仍然公开把英国保持与英联邦的联系置于加入欧洲经济共同体之上。他对英联邦的评价很高：“英联邦对我们和对世界都是有所意味的。如果没有英联邦，我们在世界上的影响在哪里呢？影响会小多了。而且我全心相信，这个卓越的多种族联盟的存在会对结束冷战有很大的贡献。”[③] 但是，英国的实力已经今非昔比，大英帝国在快速地衰落。英国政治家在战后初期没有敏锐地看到这一点，他们为此付出了巨大的代价。

经过战后初期一两年寻求建立“第三种力量”的过渡，至 40 年代末英国工党政府形成了影响整个 50 年代乃至更为深远的对欧政策，即在欧洲的安全上全心全意依靠以美国为核心的大西洋联盟，辅之以支持传统的政府间合作的欧洲组织，如布鲁塞尔条约组织、欧洲经济合作组织和欧洲委员会等，通过它们反对超国家的一体化，继续维持英国在欧洲的领导权，这正是英国外交部计划人员所认为的既能遏制苏联又能维护英国既得利益的两全之策。[④]然而，欧洲一体化的迅猛发展迫使英国不得不作出自己的选择，而英国的选择使自己失去了成为欧洲共同体创始国的机会。

二　英国与舒曼计划

1950 年法国提出舒曼计划后，英国表示不会参加一个让渡主权的计划，

---

① ［英］爱德华·希思：《旧世界　新前景——英国，共同市场和大西洋联盟》，北京大学法律系编译组译，商务印书馆 1973 年版，第 16 页。

② See Lord Beloff, *Britain and European Union : Dialogue of the Deaf*, Basingstoke, Hampshire : Macmillan Press Ltd. , 1996, p. 54.

③ David Russell, '*The Jolly Old Empire*' : *Labour, the Commonwealth and Europe*, 1945 - 1951, See Alex May (ed.), *Britain, the Commonwealth and Europe: The Commonwealth and Britain's Applications to Join the European Communities*, Palgrave Publishers Ltd, 2001, p. 9.

④ 洪邮生：《英国对欧一体化政策的起源和演变（1945—1960）》，第 69 页。

对舒曼计划谈判的态度是参加而不作承诺。[①]但法国坚持谈判必须以接受舒曼计划的原则为前提，英国必须承诺接受舒曼计划的原则，也就是接受煤钢共同体的超国家高级机构。1950 年 6 月 1 日，法国政府向英国发出最后通牒，限它 24 小时内决定是否参加讨论舒曼计划的巴黎会议，并对建立煤钢工业的超国家权力机构做出承诺。6 月 2 日，英国内阁召开紧急会议，讨论法国的最后通牒。会议首先对法国“最后通牒”的意图进行了揣测。英国认为法国的“最后通牒”是有意将英国排除在舒曼计划之外。莫内一再强调超国家机构的原则，而众所周知，英国是不愿放弃它与英联邦的联系和与美国的特殊关系的，这使英国政府怀疑法国并不真正希望英国加入舒曼计划。英国的官员还认为法国把英国排除在舒曼计划之外，是为了窃取对欧洲的领导权。[②]此外，内阁会议还讨论了法国的“最后通牒”可能给英国带来的影响。财政部的一位官员说：“鉴于我们在世界上的地位和利益，我们迄今既定的政策是，不应当在政治或经济领域对欧洲承担不能够撤销的义务，除非我们能够清楚这一承诺的程度和后果。”[③]最后，内阁会议决定不参加讨论舒曼计划的巴黎会议。6 月 18 日，艾德礼首相指出，英国政府赞同法国的倡议，但很难接受法国政府关于舒曼计划谈判程序的主张。实际上，英国拒绝舒曼计划的根本原因不在于是否要“作出承诺”的程序问题，而是在主权让渡问题上与法国有根本分歧。英国一贯支持政府间的合作，不赞成建立在“主权让渡”基础上的超国家机构，英国政府害怕作出这样的承诺，会使英国“掉入陷阱”，“不可逆转地‘滑’向完完全全的欧洲联邦”[④]。因此不接受具有超国家色彩的舒曼计划。

此外，英法两国这时候关注的焦点不一样。法国政府从 1945 年以来，一直念念不忘关注的是德国问题，在舒曼计划中法国仍然关注德国问题，希望通过舒曼计划，使法德之间的战争成为不可能的事情，从而解除心头之患。而英国政府虽然也认为德国问题重要，但对它的重要性没有看得非常重。对英国政府而言，此时最重要的问题是冷战，而舒曼计划与此的关联性

---

① 英国拒绝舒曼计划的详细过程参见洪邮生《英国对西欧一体化政策的起源和演变（1945—1960）》，第 72—114 页。

② D. Jay, Change and Fortune, 1980, pp. 198 – 200，转引自赵怀普《英国与欧洲一体化》，世界知识出版社 2004 年版，第 68 页。

③ Sir Edward Bridges to the Cabinet，2，1950，from Bullen and Pelly，DBPO：Series II，Vol. Ⅰ，pp. 137—138，转引自赵怀普《英国与欧洲一体化》，第 68 页。

④ John W. Young，*Britain and European Unity*，1945 – 1999，MacMillan Press Ltd，2000，p. 29.

并不太强。①

除了以上因素，英国不参加舒曼计划还有经济因素。在英国政府内部讨论中，财政部和贸易部反对英国加入舒曼计划。在20世纪40年代末和50年代初，欧洲经济仍然未能从战争的破坏中恢复过来，在当时的欧洲，英国的煤钢工业最为强大，因此将煤钢置于欧洲共管之下对英国来说没有吸引力。1950年，与计划参加舒曼计划的六国相比，英国生产的钢是它们的1/3，生产的煤是它们的1/2。②后来担任英国首相的保守党人哈罗德·麦克米伦在回忆录中说："我们英国钢铁工业毕竟是欧洲效率最高的，如今我们能比他人生产出更好更便宜的钢铁。我们的煤，只要能挖出来，就可以立即远销海外。那么，放弃我们目前的地位之后还能获得什么好处呢？"③英国人不仅对自己的煤钢生产有信心，而且对自己的整体经济状况也很有信心。他们认为，在40年代末和50年代初，英国的生活水平、人均收入以及经济实力都大大优于欧洲大陆的大多数国家。④另外，英国如果参加舒曼计划，英国的主要出口市场英联邦和英镑区将受到损害。

第三个因素是国内政策因素。工党政府刚刚在国内实现了钢铁、煤气、电力等基础工业的国有化，不愿意马上把这些国营企业交给欧洲的一个超国家机构去管理。

英国拒绝舒曼计划使英国在欧洲一体化的起步阶段就错失了机会，这次机会的错失"加剧了战后英国经济的衰落，而且使得法德联盟逐步取代英国成为西欧的主要力量"⑤。而在舒曼计划的讨论过程中英法之间的猜忌是之后英法之间一系列冲突的开端，欧洲一体化成为英法之间频繁发生摩擦的主要原因。

三　英国与共同市场

1955年6月1日，欧洲煤钢共同体六国外长在意大利的墨西拿举行会议，讨论在经济方面扩大合作的计划。会议确定了建立欧洲共同市场的基本

① P. M. H. Bell, *France and Britain 1940 – 1994: the Long Separation*, London and New York: Longman, 1997, p. 116.

② Sean Greenwood, *Britain and European Cooperation Since 1945*, Blackwell, 1992, p. 34.

③ [英]哈罗德·麦克米伦：《麦克米伦回忆录》第3卷《时来运转》，张理京等译，商务印书馆1980年版，第188页。

④ Ume Kitzinger, *Diplomacy and Persuasion: How Britain Joined the Common Market*, Thames & Hudson, 1973, p. 24.

⑤ 赵怀普：《英国与欧洲一体化》，第71页。

设想和目标，并决定成立由比利时外交大臣斯巴克领导的政府间委员会，即斯巴克委员会来讨论经济一体化问题。由于此前欧洲防务共同体的夭折，英国对欧洲一体化并不看好，时任财政部长的麦克米伦说："官方的观点似乎很有把握地认定墨西拿不会产生什么结果。"①而六国在一体化问题上的分歧，更使英国人深信墨西拿会议没有前途。因此，英国决定不卷入墨西拿进程，如果六国建立起某种机构，再与之建立联系。但是，六国决定邀请英国以欧洲煤钢共同体联系国和西欧联盟成员国的身份参加斯巴克委员会的工作，作为观察员还是参与者的身份参加斯巴克委员会令英国很为难。6月30日，内阁专门开会讨论以何种身份参加斯巴克委员会。最后，会议决定派贸易部的一位低级别的大臣布雷瑟顿作为英国代表参加，英国政府给布雷瑟顿的指示是"合作但不做承诺"，很显然，英国政府的态度与舒曼计划时期是一脉相承的，而且也表明他们讨论的是经济问题，而不涉及政治问题。

英国与六国的分歧一开始就暴露出来。对于共同市场，因为英国已经通过帝国特惠制的办法同英联邦国家及殖民地国家组成了关税集体，所以英国希望实行自由贸易但不希望成立关税同盟，主张该市场不需要实行共同关税；对于原子能共同体，英国坚持双边合作的方式，而六国希望建立具有超国家性质的共同体。

六国并未受英国的影响，斯巴克委员会提议在西欧建立全面的共同市场和欧洲原子能共同体，1956年5月，斯巴克报告得到各国的批准。随后，斯巴克主持的第二个政府间委员会受命起草共同市场条约和原子能共同体条约。英国向斯巴克委员会派了观察员，但是，英国观察员的结论是："你们正在讨论的这个未来的条约不可能达成协议；就是达成协议了，也不可能被批准；就是批准了，也不可能实行。就算能实行，它对英国来说也是完全不能接受的。"② 最后，英国退出斯巴克委员会，放弃了加入共同市场的机会。

英国退出斯巴克委员会后，1956年11月，提出了自己的欧洲计划："G"计划。该计划建议由英国、西欧关税同盟六国和欧洲经合组织其他国

① ［英］哈罗德·麦克米伦：《麦克米伦回忆录》第4卷《乘风破浪》，余航等译，商务印书馆1982年版，第74页。

② Roy Denman, *Missed Chances: Britain and Europe in the Twentieth Century*, London: Cassell, 1996, pp. 198 – 199, see Geir Lundestad, *Empire by Integration: The United States and European Integration*, 1945 – 1997, Oxford University Press, 1998, p. 50.

家组成工业品自由贸易区，又称“大自由贸易区”。与六国正在拟议中的关税同盟不同的是，自由贸易区不实行共同对外关税，不包括农产品贸易。

英国的提议反映了英国自身的经济利益和政治利益。在经济方面，坚持对外关税自主既可以享受到西欧市场上关税和贸易的优惠待遇，又可以保持与英联邦的帝国特惠制；排除农产品贸易则排除了英国市场上欧洲农产品的竞争，有效地保护英国的农业以及食品和农产品的英联邦特惠。究其原因，英国是个老牌帝国主义国家，长期以来它的经济主要靠掠夺殖民地的廉价原料和粮食，以及向殖民地输出工业品维持。因此，英国与英联邦国家的经济联系十分紧密，与英联邦国家的贸易对英国经济非常重要。1953年英国从其殖民地和自治领进口的原料和农产品占其进口的比重是：天然橡胶93%，锰矿砂93%，铜81%，羊毛76%，黄麻100%，小麦81%，奶油56%，肉类和肉制品54%，糖48%。同期英国向殖民地和自治领出口的商品占其出口的比重是：棉织品70%，毛织品和毛线46%，陶瓷器和玻璃制品70%，鞋类61%，刀剪57%，化学、药品及染料50%，服装45%。[①]在政治方面，自由贸易区计划只是一个纯粹的贸易合作计划，不涉及敏感的超国家性问题，而且可以使共同市场融入自由贸易区，这十分符合英国的欧洲观。此外，这个计划能够继续维持与英联邦的经济和政治关系，同时可以提高英国的地位，在英美关系中使英国处于比较有利的位置。

这个计划遭到了法国的反对。法国外长德姆维尔声称，欧洲自由贸易计划将破坏共同市场的目标。[②] 11月，法国情报部长苏斯戴尔向新闻界宣布：“不设立共同对外关税，在经济和社会领域不作协调，通过共同市场和欧洲经济合作组织其他成员国之间实行自由贸易来建立一个英国所希望的自由贸易区是不可能的。”[③] 11月26日，戴高乐与阿登纳会谈，达成一致意见，反对自由贸易区的谈判，因为“这些谈判一开头就倾向于把六国经济共同体淹没在一个庞大的自由贸易区中，在这个贸易区中将包括英国，不久还将包括整个西欧”[④]。1958年12月，大自由贸易区的谈判宣告破产。

---

① 《西欧共同市场》编写组编：《西欧共同市场》，上海人民出版社1973年版，第161—162页。

② ［英］哈罗德·麦克米伦：《麦克米伦回忆录》第4卷《乘风破浪》，余航等译，第452—453页。

③ *L'Année Politique*，1958，p. 482，转引自洪邮生《英国对西欧一体化政策的起源和演变(1945—1960)》，第312页。

④ ［法］戴高乐：《希望回忆录》第1卷《复兴，1958—1962》，第188页。

四　英国错失机会的原因

英国的选择是英国传统政策、第二次世界大战经历和主权意识的综合作用。英国传统的欧陆政策是超然于欧洲大陆国家之上，在大陆国家之间纵横捭阖，保持欧洲大陆国家之间的均势，以维护自己的利益。在整个19世纪，英国政府都执行这样的外交政策。因此，英国长期以来就是一个“具有凌驾欧洲姿态的海洋国家”，“比任何欧陆国家在国际上具有更大的灵活性和更广阔的活动天地”①。这样的传统政策使英国在第二次世界大战以后，英国国力明显衰落的情况下，仍然竭力想保住它的特殊地位，拒绝加入欧洲大陆国家的一体化进程。

第二次世界大战时没有战败的经历和屈辱也使英国对欧洲联合的愿望不如欧洲大陆国家强烈。第二次世界大战爆发后，法、荷等大部分西欧国家都有被德国打败和领土被占领的切肤之痛，深感各国有联合起来的必要。而英国凭借英吉利海峡天堑之利，拒德军于国门之外，虽然也损失惨重，但毕竟没有被占领的屈辱历史，其心理感受与欧洲大陆国家有所不同，缺乏联合的紧迫感。英国在战时召开的几次会议中都处于中心地位，与美国和苏联一起规划战后世界秩序，这使英国对自身国力抱有不切实际的幻想，因此在战后对形势的变化反应迟缓，错失参加欧洲建设的机会。因此，战时的感受和经历是英国对超国家的一体化缺乏兴趣的重要原因之一。

英国人认为自己与大陆国家有着大相径庭的宪政制度，而且对英国的宪政制度怀着强烈的优越感，这使他们不遗余力地捍卫自己的主权和自主权。他们认为，英国的宪政体制给予民主选举的政府以最大限度的自由进行有效活动，而由其议会法案、判例法和司法解释所体现的法治原则被认为是至高无上的、完善的和广受尊敬的。英国的宪政和机构经受住了战争的洗礼而保存下来，而大陆的民主政府却崩溃了，两相对比，英国宪政制度的优越性显而易见。英国人的这种优越感使捍卫英国的主权和自主权、反对超国家挑战的做法在英国拥有广泛的支持。②

---

① 陈乐民主编《战后英国外交史》，第127页。

② Geoffrey Warner, Anne Deighton, “British Perceptions of Europe in the Postwar Period (Ⅱ)”, pp. 51 - 52, in *Les Europe des Européens*, sous la direction de René Girault, en collaboration avec Gérard Bossuat, Publication de la Sorbonne, 1993.

第二节 英国转变态度

1961年8月9日，英国正式申请加入欧洲经济共同体，1962年2月28日，又提出加入欧洲煤钢共同体和欧洲原子能共同体的申请。在拒绝加入欧洲一体化进程十年之后，英国终于转变了态度，这种转变是在怎样的背景下产生的？转变的原因何在？

一 建立欧洲自由贸易联盟

1958年，《罗马条约》正式生效，欧洲经济共同体六国开始实施共同市场条款。从1959年起，六国内部关税削减10%，内部工业品配额增加20%，同时规定关税削减适用于与六国签订有相互给予最惠国待遇协定的国家，增加配额的一半即10%适用于欧洲经济合作组织国家。[①]对于共同市场，英国领导人认为是“德国人真的完全出卖给法国人了”，德国人和法国人“组成了一个非神圣同盟来反对英国”[②]。1958年，由于法国的强烈反对，英国提出的自由贸易区计划也失败了。《罗马条约》的实施和自由贸易区计划的失败给英国政府带来了强大压力。

1959年3月4日，专门负责自由贸易区谈判事宜的内阁大臣雷金纳德·莫德林向麦克米伦首相提交了一份研究报告，详细分析了英国可以选择的四种方案，即：(1) 继续争取建立自由贸易区；(2) 加入共同市场；(3) 暂时不采取任何行动；(4) 与欧洲经济合作组织内的非共同市场国家建立欧洲自由贸易联盟，即小自由贸易区。

对于第一种方案，莫德林认为由于法国的反对行不通。对于加入共同市场的可能性，莫德林认为有四个障碍。第一个障碍是英国不能接受共同市场的共同商业政策，因为英国与包括英联邦在内的欧洲之外的国家所进行的贸易占其总贸易的3/4，而共同市场六国与欧洲的贸易占其总贸易的3/4，共同商业政策将不利于英国与英联邦的贸易，接受它意味着英国与英联邦的关系要发生根本性变化。第二个障碍是共同市场的共同农业政策，它有悖于

① Miriam Camps, *Britain and the European Community*, 1955 - 1963, Princeton, N. J. : Princeton University Press, 1964, pp. 180 - 181.

② [英] 哈罗德·麦克米伦：《指明方向》，商务印书馆翻译组译，商务印书馆1976年版，第58页。

1957 年英国农业法案，英联邦农产品在英国市场上的优惠地位将会丧失。第三个障碍是共同市场将向政治联合发展，这一点英国无法接受。第四个障碍是六国不准备保证英联邦的地位，即英国从英联邦购买小麦、肉类和奶制品而不从欧洲大陆进口。①

在后两种方案中，莫德林等官员赞成后一种。因为无所作为将使英国越来越孤立，失去影响欧洲局势的机会，而建立自由贸易联盟对英国有明显的经济利益，1956 年斯堪的那维亚国家从英国进口的商品价值 1.65 亿英镑，而建立自由贸易联盟，将使这个数字在 10 年后再增加 1 亿英镑。而且，还可以通过小自由贸易区这座“桥梁”将共同市场纳入大自由贸易区中来。

这个方案最终得到了英国政府的青睐。1960 年 1 月，英国联合瑞士、瑞典、丹麦、挪威、奥地利和葡萄牙共七国建立了欧洲自由贸易联盟，简称“小自由贸易区”。西欧分裂成“六国”与“七国”两个集团。“小自由贸易区”基本上是按照原来“大自由贸易区”计划的原则建立的，只是一般的关税贸易组合，主要内容是：规定成员国之间工业品的关税通过十年的过渡期（从 1960 年 1 月 1 日到 1970 年 1 月 1 日）逐步降低，直到最后取消；逐步取消七国间的进口限额；各国保持各自的对外关税率；关于农产品的问题则通过有关国家的双边协定解决。此外，设立一个七国部长理事会的机构，行使“小自由贸易区”的有关职能，并规定一切须承担义务的决定都需要全体一致通过。②

二 “搭桥”计划的失败

对英国而言，建立欧洲自由贸易联盟只是英国的一个权宜之计，目的是把小自由贸易区作为桥梁，将共同市场纳入大自由贸易区中来，英国政府念念不忘的是建立大自由贸易区。

1960 年 2 月 26 日，欧洲经济共同体委员会向部长理事会提出加速实施《罗马条约》的建议报告，主要内容是加速削减成员国之间的内部关税，到 1961 年年底共削减 50%，比《罗马条约》的规定提高了 20 个百分点；提前一年半即自 1960 年 7 月 1 日起实施共同对外关税；到 1961 年 12 月 31 日前

① PRO, PREM 11/2827 C (59) 27 (4 Mar), 转引自洪邮生《英国对西欧一体化政策的起源和演变（1945—1960）》，第 334 页。

② 《西欧共同市场》编写组编：《西欧共同市场》，第 157—158 页。

取消内部所有工业品配额。[①]欧共体各国对委员会的“加速”计划态度不一,但原则上都表示同意。

一般认为,内部关税削减至50%,共同市场就将是不可逆转的了,因此“加速”计划将巩固欧洲经济共同体,使任何试图淹没共同体的大自由贸易区计划变得更加困难,甚至不可能。以英国为首的七国认为,“加速”没有必要地扩大了欧洲经济共同体对非成员国的歧视,委员会的建议简直就是一个“敌对行为”。对英国政府而言,共同体此举将拉开两个经济集团之间的差距,使它难以通过七国集团与六国搭桥,从而使建立大自由贸易区的计划变得更加遥远。因此,英国明确表示,七国不准备在“加速”建议的基础上与六国进行谈判。

此时,美国的态度令英国大失所望。在欧洲经济共同体委员会报告公布的第二天,美国国务院就发表声明,欢迎“加速”报告。3月15日,艾森豪威尔在华盛顿与到访的阿登纳会谈,双方在会谈公报中认为,加速建议将对普遍降低世界贸易壁垒作出重大贡献。这一表态无疑是美国政府对加速建议的支持。艾森豪威尔与阿登纳的会谈公报使英国和美国关系一度陷入紧张。英国驻美使馆经济参赞克罗默勋爵向美国副国务卿狄龙直接表达了英国的看法:“英国政府希望共同市场能够坚持原来的时间表,以便给大多数欧洲国家寻求建立广泛的自由贸易区留有时间。这是防止欧洲分裂的唯一解决办法。”[②]然而,狄龙辩护说:“我们对欧洲经济共同体执委会建议的立场无论如何也不能被当作美国政府反对欧洲自由贸易联盟。然而,须公正地指出,从长远的观点来看,我们不同意更为广泛的自由贸易区建议,因为它含有放弃共同市场之意。我们支持共同市场,因为我们看到了它所产生的政治和经济利益。”[③]3月26日至29日,麦克米伦访问华盛顿,明确表达了对在欧洲可能出现英国一直极力阻止的一个欧洲政治组织的担心。此外,麦克米伦还分析了共同市场加速对英国经济和贸易的威胁。他说,如果“加速”建议被接受,那英国与六国贸易的94%会受到不利的影响。[④]但美方代表狄龙指出,美国支持六国主要是出于法德和解的政治考虑。在此前提下,美国对

---

① The E. E. C. Commission's Recommendation on the Acceleration of the Rome Treaty, 26 Febuary 1960, DIA, 1960, pp. 143 - 152. 转引自洪邮生著《英国对西欧一体化政策的起源和演变(1946—1960)》,第371—372页。

② *FRUS*, 1959 - 1960, Vol. VII, Memo. of a Conversation, March 24, 1960, p. 268.

③ Ibid., pp. 265 - 266.

④ Ibid., pp. 272 - 273.

共同市场及其降低关税的建议持赞成建议。他说，除非共同市场的观念是错误的，需要另辟他途，否则，美国一定会支持共同市场和“加速”建议。狄龙的一番话其实道出了英国政府和美国政府在“加速”和“搭桥”问题上的根本分歧，美国支持六国经济一体化，而英国一直没有放弃建立大自由贸易区的目标；美国把六国联合的政治利益看得比其他不利之处重要，而英国恰恰反对在欧洲出现这样的政治组织。

麦克米伦的华盛顿之行没有取得美国的支持，而且对正在讨论中的“加速”建议起到了促进作用。当麦克米伦声称欧洲的分裂会造成严重政治后果的消息传到欧洲大陆时，欧洲议会的议员们正在辩论“加速”建议，于是议员们停止批评，一致赞成该建议。

然而，英国仍然没有死心，七国在5月的公报中指出，“一个欧洲范围的市场是最好的解决办法”，为此“七国愿意同意那种包含它们作出实质性的牺牲的安排，甚至是临时性的解决办法”①。6月，六国即明确表态，它们无意谋求一项长期的欧洲解决办法。至此，英国明白，它的大自由贸易区计划和“搭桥”计划已无可能。正如N. 贝洛夫评论的：“英国政府的欧洲政策已彻底失败了。”②

三　英国欧洲政策转变的背景与原因

在欧洲自由贸易联盟筹划和建立之初，法德相互承诺要建立法德轴心，对英国的“搭桥”计划不感兴趣。法国外长德姆维尔直截了当地说：“法国认为，就英国问题而言，说到底，除了英国人真正加入共同市场不可能有其他解决办法。”③就连与其有着“特殊关系”的美国对欧洲自由贸易联盟和“搭桥”的态度也十分冷淡，这尤其令英国感到失望。建立欧洲自由贸易联盟以及期望通过它与欧洲经济共同体“搭桥”，仍然是英国坚持其既定欧洲政策，继续争取建立大自由贸易区的表现。但“搭桥”计划和大自由贸易区的失败直接促使英国政府开始重新评价其欧洲政策。

1960年1月21日，英国外交大臣塞尔温·劳埃德在欧洲委员会咨询会

---

① *Communiqué Issued at the Conclusion of the First Meeting at Ministerial Level of the E. F. T. A. Council in Lisbon*, 20 May 1960, DIA, 1960, p. 155. 转引自洪邮生著《英国对西欧一体化政策的起源和演变(1945—1960)》，第384页。

② N. Beloff, *The General Says No: Britain's Exclusion from Europe*, London, 1963, p. 86.

③ *FRUS*, 1958 - 1960, VII, Memo. of Conversation, Sept. 19, 1960, p. 300.

议发表长篇演讲，在发言中，劳埃德少有地强调英国是一个欧洲国家。他说："鉴于情感、历史和地理等原因，我们认为我们是欧洲的一部分，亚平宁和比利牛斯山脉在战时比英吉利海峡更容易越过这一事实并不能取消联合王国的欧洲国家的身份。"①至于英国与英联邦的联系以及英国与美国的特殊关系，劳埃德认为与英国的欧洲身份不是不相容的。劳埃德还承认 1950 年英国没有参加舒曼计划是一个错误。虽然他仍然坚持对欧洲防务共同体的怀疑，但他承认："我们没有参加导致煤钢共同体成立的谈判是犯了一个错误。我知道我们最后与该共同体签订了联系条约，但我充分认识到这与参加不是一回事……"②最后，劳埃德断然否认英国反对欧共体。劳埃德说，英国虽然希望《罗马条约》会导致一个自由贸易区的建立，但"我们欢迎《罗马条约》是因为它本身的原因，这就是六国强大的政治联合对西欧和英国都是件好事"③。劳埃德关于英国对欧政策的这些说法，是人们过去闻所未闻的，这些话无疑是英国改变欧洲政策的一个信号。

如果说，"搭桥"计划和大自由贸易区的失败是其改变欧洲政策的导火索，那么，促使英国改变政策的背景和原因是什么呢?

从 50 年代中期起，英国"三环外交"中的前两环都出现了问题。首先，英国十分看重的英帝国和英联邦对英国的重要性在降低。随着战后民族民主运动的兴起，英国在亚洲和非洲的一些殖民地纷纷独立，英帝国向英联邦转变。英国虽然在英联邦居于领导地位，但其影响力大大削弱。1961 年，英国未能阻止南非脱离英联邦，就是英国影响力下降的一个例证。英联邦除了在政治上的分崩离析，在经济上能够提供给英国的优厚条件也越来越少了。英国是个老牌帝国主义国家，长期以来它的经济主要靠掠夺殖民地的廉价原料和粮食，以及向殖民地输出工业品维持。但是，英国的殖民地和自治领宣告独立后，都致力于经济振兴，并努力使它们的对外贸易格局多元化。由于这些原殖民地民族工业的发展，再加上美国商品的倾销，使英国的工业品市场日益缩小。由于英联邦在政治和经济上对英国的重要性下降，"三环外交"的第一环不可避免地使其在英国对外政策中的地位降低。

其次，英美"特殊关系"也不再像战后初期那样密切了。英国的实力被

---

① *FRUS*, 1958 - 1960, VII, Memo. of Conversation, Sept. 19, 1960, p. 278.

② M. Camps, *Britain and the European Community*, 1955 - 1963, Princeton, N. J. : Princeton University Press, 1964, p. 278.

③ Ibid., pp. 279 - 280.

战争所削弱，维持大英帝国越来越显得力不从心。美国乘势在加拿大、大洋洲、拉丁美洲和中东等地区排挤英国的势力。苏伊士运河事件使英美“特殊关系”大大降温。1956年7月20日，埃及将苏伊士运河主权收归国有，来自中东的石油通道被切断。英法对苏伊士运河进行武装干涉，却遭到失败。美国不但不支持与它有特殊关系的英国，反而对它落井下石，迫使其接受停火并从埃及撤军。苏伊士运河危机“严重地损害了英国的国际地位和大国尊严，对英国在国际事务中的目标设想提出了最严重的挑战。英国至此看清了，在当今美苏相互争夺的世界模式中，英国是何等的无足轻重”。“苏伊士运河危机彻底摧毁了英国人对英美特殊关系——两国利益的一致性，以及英国有操纵美国政策的能力存有的幻想。”[①]也就是说，苏伊士运河危机对英美特殊关系的打击很大，英国终于明白，利用英美“特殊关系”来维护其世界大国地位的对外政策是难以奏效的。同时，英国认识到苏伊士运河危机“使我们决定更紧密地与欧洲合作”[②]。

美国前国务卿迪恩·艾奇逊的一番话可谓一语中的，他说英国“已经失去了帝国但还没有找到一个新的角色。试图通过与美国的‘特殊关系’，以及以一个没有政治结构和缺乏团结和力量、只是依靠英镑区和贸易特惠制的手段建立起来的脆弱和不稳定的英联邦为基础，来谋求发挥超越欧洲的一个独立大国的作用，这是注定要失败的”[③]。由于“三环外交”的前两环都出现了问题，而欧洲对英国的重要性逐渐显现，因此，英国转向欧洲以寻求出路，就不难理解了。

首先，从经济方面考虑，英国经济状况日趋恶化，英帝国迅速走向没落，促使英国在经济上逐步倾向于欧洲。英国在资本主义世界工业生产、出口贸易和黄金外汇储备中所占比重呈现不断下降的趋势，英国的经济发展速度也是主要资本主义国家中最缓慢的。1950—1960年，主要资本主义国家的国民生产总值的平均增长率，日本为10.8%（1952—1960年），西德为7.8%，意大利为5.5%（1951—1960年），法国为4.8%，美国为3.2%，英国仅为2.7%。1955年，英国国民生产总值在资本主义世界中第二的位置

① 杨冬燕：《苏伊士运河危机与英美关系》，南京大学出版社2003年版，第183页。

② Sean Greenwood (ed.), *Britain and European Integration Since the Second World War*, Manchester University Press, 1996, pp. 87 – 88.

③ Douglas Brinkley, *Dean Acheson, The Cold War Years*, 1953 – 1971, New Haven: Yale University Press, 1992, p. 176.

被西德取代。1964年，法国把英国排挤到第四位，1965年，日本又超过英法两国，英国仅排名第五位。[①]

此外，以英国为首的七国集团并不太成功，明显不是六国欧洲的对手。七国间的经济关系不如六国密切，经济实力也远逊于六国。六国工业和贸易增长速度都高于七国，从1959年到1961年，六国工业生产增长26%，出口贸易增长42%，而七国分别增长14%和20%，远远落后于六国。[②]而且七国对六国的贸易依赖很大，其对六国的出口额占其出口总值的24%，大于七国相互之间19%的贸易额。就英国而言，1960年，它对“小自由贸易区”的出口额占其总出口的11.9%，而对共同市场的出口额占其出口总额的15.4%。[③]共同市场对英国越来越重要。

同时，英国和英联邦国家的贸易停滞不前，1961年，英国对欧洲的出口额第一次超过了对英联邦的出口额，英联邦对英国的重要性在降低，这也迫使英国不得不重新考虑与共同市场的关系。第二次世界大战后，随着民族解放运动的高涨和新兴国家民族工业的发展，使英国许多旧有工业产品的销售市场日益缩小。从1957年到1960年，英国对英镑区出口的比重从43.6%下降到40.0%，1970年更跌至27.3%。而同期英国对共同市场的出口比重则从13.9%上升为14.6%和21.8%。[④]

其次，欧洲在经济和贸易利益上对英国的重要性必然要在政治和外交上反映出来。欧洲经济共同体蓬勃发展，在经济和政治上都显示出强大的生命力，而且大陆国家还在努力建立政治联盟，扩大政治影响，这些都使英国越来越担心自己被排除在欧洲之外，届时，英国作为一个大国，影响欧洲和世界的能力将大打折扣。麦克米伦首相和后来作为英方加入欧洲共同市场谈判首席代表的希思清楚地看到了欧洲大陆的变化和英国被边缘化的危险。希思说：“我们现在看到在我们对面的欧洲大陆有一个大集团。在规模上只有美国和苏联可与之比较，而且随着它的经济力量的增长，它的政治影响也必将增长……”[⑤]1959年10月22日，麦克米伦在给外交大臣塞尔温·劳埃德的

① 《西欧共同市场》编写组编：《西欧共同市场》，第159—160页。

② 经济合作和发展组织《每月统计》1962年7月，第2、38页，转引自《西欧共同市场》编写组编《西欧共同市场》，第158页。

③ 《西欧共同市场》编写组编：《西欧共同市场》，第158—159页。

④ 同上书，第163页。

⑤ ［英］乔治·哈钦森：《爱德华·希思》，复旦大学资本主义国家经济研究所编译组译，上海人民出版社1973年版，第77页。

备忘录中指出："自拿破仑时代以来，欧洲大陆的主要国家还是第一次结成一个具有很多政治性质的明确的经济集团。这个集团虽不是特别针对联合王国的，但可能把我们排斥于欧洲市场和欧洲政策的协商之外。""问题在于如何在经济上与共同市场一起生存，而将其政治影响引导到对我们无损害的轨道上去。"①

实际上，英国领导人已经感觉到英国国力和影响力的下降。1959 年美苏举行首次首脑会议，艾森豪威尔与赫鲁晓夫会晤的时候，把一心想从中进行居间调停的麦克米伦晾在一边，备受冷落。而英国与法德两国此时的实力对比，与 1950 年的时候已今非昔比。1950 年英国毫无疑问是继美国之后的西方第二大强国，其国内生产总值比法国和西德加在一起的两倍还多，它的武装部队在北大西洋联盟中也仅次于美国。而十年之后，西德正经历"经济奇迹"，其经济增长率是英国 50 年代增长率的三倍，1954 年西德得到重新武装的机会；法国的经济增长率也高于英国，法国的武装部队力量在 1958 年就超过了英国，1960 年法国还成为了世界上第四个核大国。②连西德领导人阿登纳都嘲讽英国"像一个失去了所有财产而不自知的富人"③。

英国领导人看到了欧洲的力量所在，对欧洲可能在政治联合方面取得的进展忧心忡忡。麦克米伦敏锐地看到"共同市场的核心是法德联盟"，他认为困难的"是如何处理欧洲政治方面的问题"。他当然不希望出现一个以法德为核心、把英国排除在外的大陆集团。所以他主张"万不得已时，我们必须去影响这两个国家的政府"④。

再次，由于美国坚决支持欧洲一体化，如果英国长期游离于欧洲一体化之外，英国与美国的关系也势必受到影响。早在第一个富歇计划谈判期间，比利时和荷兰就提出让英国参加政治联盟的谈判，希望以此来制约法国，阻止法国破坏大西洋关系，防止法国成为西欧的霸主。但是，美国官员对比、荷的主张并不是很支持，他们认为共同体内的其他五国可以制约法国，用不着英国来遏制，而且，让反对超国家性的英国加入，很可能让六国在政治领

① ［英］哈罗德·麦克米伦：《指明方向》，商务印书馆翻译组译，第 67 页。

② Geoffrey Warner, Anne Deighton, "British Perceptions of Europe in the Postwar Period (II)", p. 59, in *Les Europe des Européens*, sous la direction de René Girault, en collaboration avec Gérard Bossuat, Publication de la Sorbonne, 1993.

③ See John W. Young, *Britain and European Unity*, 1945 – 1999, MacMillan Press Ltd, 2000, p. 63.

④ ［英］哈罗德·麦克米伦：《指明方向》，商务印书馆翻译组译，第 68 页。

域毫无作为。[1]出于这种考虑，艾森豪威尔政府在英国参与欧洲建设的问题上并不热心。但在第二个富歇计划的谈判期间，美国对戴高乐的意图有了清楚的了解，认为法国不可信的美国开始改变态度。美国也对共同体其他五国丧失了信心，用英国来制约法国成为必要的事情。美国寄希望于英国来平衡法国在西欧的地位，希望英国帮助美国阻止戴高乐实施“第三种力量”的计划。

1961 年肯尼迪就任美国总统后，继续坚持前任政府的对欧政策。他任命自己的密友乔治·鲍尔为负责欧洲事务的助理国务卿。鲍尔是莫内的信徒，认为欧洲统一应该通过建立联邦或至少以超国家的方式来加以解决。而英国置身于共同市场外，是实现欧洲统一的严重障碍。鲍尔在与希思会谈时明确表示美国希望英国加入欧共体。肯尼迪在 1961 年 4 月向麦克米伦保证，英国加入共同体将受到美国的欢迎，并可能导致更密切的英美关系。[2]肯尼迪还在一份政策指令中说，“只要英国的加入不削弱六国之间的实质联系，应该鼓励六国欢迎英国加入共同体，而且不要要价太高”[3]。美国当然有自己的如意算盘，它支持英国加入，首先是希望通过英国来加强共同体的大西洋取向，其次是希望凭借与英国的“特殊关系”使“我们（指美国）与欧洲有‘特殊关系’”[4]。

1960 年 2 月，英国外交大臣塞尔温·劳埃德提醒首相麦克米伦说，美国人会越来越把六国共同体作为他们在欧洲进行对话的集团。艾森豪威尔本人也警告过麦克米伦，如果英国不加入共同体的话，英美特殊关系将会走向没落。[5]英国担心美国有可能越过英国而与其他的西欧国家进行密切合作，并将六国共同体看成在西方的主要伙伴。[6]如果英国继续留在共同体外，就将丧失对美国的影响力，保持英国影响力的办法就是加入共同市场。

---

① Pascaline Winand, *Eisenhower, Kennedy, and the United States of Europe*, London: Macmillan, 1993, p. 282; see also Jeffrey G. Giauque, "The United States and the Political Union of Western Europe, 1958 - 1963", in *Contemporary European History*, Vol. 9, Part 1, March 2000, pp. 102 - 103.

② Alistair Horne, Macmillan 1957 - 1986, Macmillan, 1989, p. 295.

③ *FRUS*, 1961 - 1963: XIII, Policy directive: NATO and the Atlantic Nations, 20 Apr. 1961, p. 287.

④ David Nunnerley, *President Kennedy and Britain*, London: Bodley Head, 1972, p. 11, see Geir Lundestad, *Empire by Integration: The United States and European Integration*, 1945 - 1997, Oxford University Press, 1998, p. 62.

⑤ John W. Young, *Britain and European Unity*, 1945 - 1999, MacMillan Press Ltd, 2000, p. 66.

⑥ Sean Greenwood, *Britain and European Cooperation Since* 1945, Blackwell, 1992, p. 81.

以上因素都使英国不得不考虑调整对欧洲的政策。在1959年10月22日的备忘录中，麦克米伦明确指出："很清楚，未来五年最主要的任务之一是调整联合王国同欧洲的关系。"①他甚至谈到了让英国的大企业进入共同市场的问题。

总之，在"三环外交"政策出现问题的背景下，由于以上几个方面的综合影响，英国决定调整外交政策，加强英国与欧洲大陆的联系，实现了从拒绝欧洲到加入欧洲的转变，试图以此保持其在欧洲大陆的市场，维持其大国地位和在国际事务中的影响。

第三节 英国的两次申请与法国的否决

一 英国第一次申请

英国政府在筹建"欧洲自由贸易联盟"的同时，就在考虑改变英国的欧洲政策。1959年10月，麦克米伦在给外交大臣塞尔温·劳埃德的备忘录中谈到，应该考虑："（1）共同市场对我国经济可能产生的影响；（2）为了同它在经济上进行联合而值得付出的代价。"②1960年年初，成立了以弗兰克·李为主席的"经济筹划（欧洲）委员会"，专门研究英国与共同体六国的关系。4月22日，委员会研究报告认为，基于政治上的原因，应该加入共同市场，因为英国很担心美国会越来越把欧洲经济共同体，而不是把英国视为它在欧洲的主要伙伴。英国不加入共同市场，会影响英国在世界上的地位。从经济的角度看，加入共同市场将刺激英国的经济增长，增强英国工业的竞争力。

此时，欧洲经济共同体发展迅猛。西欧各国经济蓬勃发展，欧洲经济共同体委员会急于利用这一有利的经济气候加速建成共同市场，同时不愿意在降低关税上落在欧洲自由贸易联盟之后。美国也对西欧施加压力，要求降低关税。种种因素促使理事会在1960年5月12日提出了一个加速关税同盟进程的正式决议，提议从1960年7月1日到1961年12月31日把关税降低20%。同时，共同农业政策的制定也取得了进展。1960年12月，理事会正式确定了共同农业政策的三项基本原则，即共同价格、共同财政和共同体优

① ［英］哈罗德·麦克米伦：《指明方向》，商务印书馆翻译组译，第67页。
② 同上书，第67—68页。

惠。最令英国担心的是，戴高乐企图把欧洲经济共同体发展成一个欧洲政治经济联盟。1960 年 5 月 31 日，戴高乐在一次广播演说中提出在欧洲经济共同体国家之间进行政治合作的建议。戴高乐希望建立一个“欧洲人的欧洲”，一个不再和美国紧密相连的欧洲。这种把美国排除在欧洲防务之外的想法令英国十分不安，而且英国也面临着在经济和政治方面被排斥在欧洲大陆之外的危险。

英国面临着两难的选择。如果加入，英国必须把独立控制国家经济政策的权力交给共同体，必须放弃与英联邦国家的特殊经济关系，还有可能受政治一体化的约束；如果不加入，那么英国在欧洲以及在世界的政治影响将可能衰落，而且英国将完全丧失对共同体的影响力，更无法影响共同体的政治发展，无法阻止共同体向联邦发展。7 月 13 日，英国内阁讨论的结果是：英国要加入共同体，但不能按照《罗马条约》规定的条件加入。

7 月 27 日，麦克米伦改组内阁，一些坚定的“欧洲派”担任要职：霍姆勋爵任外交大臣，爱德华·希思任欧洲事务大臣，丘吉尔的两个女婿邓肯·桑兹和克里斯托弗·索姆斯分别任英联邦事务大臣和农业大臣。新内阁同意就英国加入共同体提出正式申请，并就此事同六国进行谈判。当时英国内阁乐观地认为，有可能在 1962 年春达成加入协议，并在 1963 年下一次大选之前加入共同体。

1961 年 1 月，麦克米伦在朗布里埃开始同戴高乐商讨英国加入欧洲经济共同体的问题。3 月，麦克米伦赴华盛顿会见肯尼迪总统，获得美国的支持。此后，英国向英联邦国家允诺会保证它们的利益，还向欧洲自由贸易联盟国家保证会使欧洲自由贸易联盟所有成员国都同时参加共同市场的协议。

1961 年 7 月 31 日，麦克米伦正式向议会下院提出了英国政府准备与六国进行谈判的决定。他强调，英国在农业上的特殊利益是否能得到保护、英联邦和欧洲自由贸易联盟各国的关系是否能得到保证，是英国在谈判中的关键问题。8 月 4 日，议会同意了麦克米伦的决定。

1961 年 8 月 9 日，英国正式申请加入欧洲经济共同体，随后组成了强大的代表团，该代表团团长是坚定的“欧洲派”希思。1962 年 2 月 28 日，又提出加入欧洲煤钢共同体和欧洲原子能共同体的申请。

二　谈判与法国的否决

在共同体的几国中，大部分是支持英国加入的。荷、比、卢三国认为这有贸易上的好处，尤其是在政治上有好处，因为它们怕法国、联邦德国两国在共同体中称霸，希望英国能进来平衡法德两国。意大利的态度与三国相似。在联邦德国，经济部长路德维希·艾哈德认为六国共同市场太窄了，他和工业界、商业界的人士一样，希望联邦德国的商品能向英国和北欧国家出口。1961 年 12 月新上任的外交部长格哈德·施罗德对戴高乐的政策很怀疑，非常希望英国加入进来。但是阿登纳总理的态度不如上述人士那么积极，他始终把以法国和联邦德国为主的欧洲建设政策放在首位，他怕共同体的扩大会削弱它的机构。法国经济界人士不支持英国加入，因为他们已经要被迫对付联邦德国的工业品竞争，不愿意再面临英国的竞争。而且，英国的农业利益与法国的农业利益大相径庭，法国农民们为正在制定的共同体农业政策忧心忡忡。而戴高乐对英国申请的公开反应是礼貌的、模棱两可的。但是戴高乐在回忆录中断言："由于他们从外面不能阻止共同体的产生，现在他们打算钻到内部来使这个组织陷于瘫痪。"[①] 1961 年 5 月和 6 月，戴高乐还分别向阿登纳和肯尼迪总统透露过，并不太希望英国加入共同体。

1961 年 10 月 10 日，谈判的首次会议在巴黎召开。11 月 8 日起，谈判在布鲁塞尔继续举行。英国特别关心英国在农业上的特殊利益以及与英联邦和自由贸易区各国的关系能否得到保护。首先，是英联邦的问题，英国是个老牌的帝国主义国家，与其殖民地的经济联系十分紧密，尽管 60 年代殖民地纷纷独立，但英国仍然关心能否保持英联邦的贸易特惠制。英国明确要求为英联邦国家的农产品进入共同市场获得特别条件。其次，在农业问题上，从 19 世纪 80 年代以来，英国就从其殖民地免税进口农产品。在此背景下，英国传统的农业政策是对某些门类的生产者采取差额支付和直接补贴的办法，这与正在制定中的共同农业政策倡导的价格支持政策是大相径庭的。而实施共同农业政策对食品进口国英国非常不利，因此，英国希望在加入共同体后，在共同农业政策还未成型时对共同农业政策施加一些影响，让六国考虑英国农业的特点，并要求英国有一个较长时间的过渡期。再次，英国提出自由贸易联盟国家应该和英国同时加入共同市场。

戴高乐与麦克米伦进行了多次会谈。1961 年 11 月 24 日和 25 日，戴高乐

---

① George Wilkes: *Britain's Failure to Enter the European Community*, 1961 - 1963: *the Enlargement Negotiations and Crises in European, Atlantic and Commonwealth Relations*, 1997, pp. 53 - 54; 见［法］戴高乐《希望回忆录》第 1 卷《复兴，1958—1962》，第 198 页。

在苏塞克斯的伯奇格拉夫拜访了麦克米伦。麦克米伦对戴高乐解释，英国决定加入共同体首先是政治原因：这是个难得的有利时机；这是一个在戴高乐、麦克米伦、阿登纳在任的时候创建欧洲的好机会。戴高乐质疑，英国如果不全心全意地进入经济体系，如何能进入欧洲。戴高乐还暗示，如果不能马上达成协议，还可以慢慢来。可是，第二天麦克米伦就坚持说，要尽快作出决定，不达成协议的后果是破坏性的，英国舆论将对欧洲失去兴趣。戴高乐表示，麦克米伦对欧洲的信念给他留下了深刻印象。但是，他补充说，如果英国带着英联邦诸国进入共同市场，欧洲就不再存在了。麦克米伦解释说，把英联邦国家带入欧洲政治机构，却只在经济层面将它们结合起来，是毫无问题的。①

同时，戴高乐在尽力争取西德的支持。1961 年 12 月 9 日，戴高乐与阿登纳会谈，他劝说阿登纳全力支持他把农业包括到共同市场中，而且透露英国的要求对他不重要。在 1962 年 2 月 15 日在巴登登举行的会谈中，戴高乐对阿登纳说，如果允许英国与加拿大、澳大利亚、印度一起进入，我们这个联盟的整个性质就将改变。阿登纳表示同意并补充说，哈尔斯坦先生（欧洲经济共同体委员会主席）也是这样想的。②

麦克米伦在争取法国的支持上煞费苦心。1962 年 6 月 2—3 日，麦克米伦与戴高乐举行会谈。麦克米伦宣布，他自己已经准备好接受共同的对外关税、一个共同对外政策和在布鲁塞尔商量好的农业方面的规则。他承认在财政制度、英国的价格水平和联邦的贸易制度方面会有深刻的变化，但是过渡时期将有助于英国适应这些变化。麦克米伦说，总之，与英国加入共同市场有关的经济问题都能在布鲁塞尔得到解决。在政治方面，麦克米伦认为更没有什么困难。他解释说，几乎英国的每个集团都赞同共同市场：尤其是青年人和商人。麦克米伦还认为，政治联盟是欧洲的必然。

戴高乐注意到了麦克米伦的态度，但是他认为，如果英国进入共同市场，除开一些技术性的问题，共同市场与现在相比，仍然将有很大变化。他坚持必须看到事物的本来面目，那将是另一个共同市场了。

戴高乐接着阐述了他的“各国的欧洲”思想。比较而言，对法国、德国和意大利来说“各国的欧洲”是困难的，但并不是不可想象的。但是，“如

① George Wilkes: *Britain's Failure to Enter the European Community*, 1961 - 63: *the Enlargement Negotiations and crises in European, Atlantic and Commonwealth relations*, , pp. 53 - 54；见［法］戴高乐《希望回忆录》第 1 卷《复兴，1958 - 1962》，第 54 页。

② Ibid, p. 55.

果英国加入这样一个机构，将改变一切”，因为英国有岛国特性，英美在语言、习俗和一些相互义务方面还有特殊联系。戴高乐反复说：“你们的加入将改变一切。因此我们必须仔细地进行考察。”戴高乐问，法英是否可以有一个共同政策，不仅在对抗苏联的威胁方面，也在不依赖美国方面。麦克米伦让他放心：“我们的思维方式是一样的。我们都不希望成为美国的卫星国。”①

麦克米伦对欧洲的热情让戴高乐很吃惊。6 月 3 日，他直接对麦克米伦说：“昨天我感到你决定加入欧洲建设。你的决定给我留下印象。”但是，在防务问题上，戴高乐有自己的想法，他认为欧洲需要建立一个面对苏联威胁、独立于美国的防务：“我们不能把所有的力量都交给北约。如果欧洲不对自己的防务负责，那欧洲就不能有自己的政策。”戴高乐总结说：“总之，你给我们的印象是已经进展很多，已经懂得了你们在创建欧洲中的巨大利益。”但是他补充说：“你们还没有做，因为你们仍然与欧洲以外的世界保持联系，也因为在欧洲和美国之间进行选择的思想还没有完全进入你们的头脑。”戴高乐结束讨论时又回到了他的主题：“如果你进入欧洲，将改变一切。”②

更令英国担心的是，戴高乐积极建立排斥美国的六国政治联盟。50 年代末 60 年代初，戴高乐提出了建立西欧政治联盟的设想。戴高乐的政治联盟设想有两个目的。首先，它要取代超国家的一体化。为了法国的经济利益，戴高乐支持经济一体化，坚决要求制定共同农业政策，为共同市场做出了贡献。但他反对超国家的政治一体化，主张各主权国家的合作。他认为，当关系到一个根本上触及主权的领域时，是绝对谈不上一体化的。应该由各国通过一致的决定来承担全部责任。③他一直认为超国家主义是对民族国家独立与生存的威胁，应该在它进一步发展壮大之前阻止其进程。其次，戴高乐希望建立一个“欧洲人的欧洲”，一个不再和美国紧密相连，一个可以和美苏平等对话的欧洲邦联，一个有助于世界平衡的“第三种力量”。因为英国与美国的特殊关系，戴高乐担心英国的加入会使大西洋倾向占上风，会使欧洲经

① George Wilkes: *Britain's Failure to Enter the European Community*, 1961－63: *the Enlargement Negotiations and Crises in European, Atlantic and Commonwealth Relations*, pp. 53－54；见［法］戴高乐《希望回忆录》第 1 卷《复兴，1958—1962》，第 56 页。

② Ibid., p. 57

③ ［法］皮埃尔·热尔贝：《欧洲统一的历史与现实》，丁一凡等译，第 240 页。

济共同体融化到大西洋共同体中，出现美国主宰欧洲的局面。这形成了戴高乐政治联盟计划的核心内容。[①]

戴高乐要的是“各国的欧洲”和“欧洲人的欧洲”。“各国的欧洲”针对的是“超国家的欧洲”。戴高乐主张通过国家间的合作把欧洲组织起来，反对建立超国家的欧洲统一机构。他多次抨击超国家观点，强调“……国家之间的合作是在任何程度上使欧洲实现统一的唯一的道路”[②]。“欧洲人的欧洲”则是针对美国的影响力和主导地位而说的。“欧洲人的欧洲”与“各国的欧洲”是相互关联的。戴高乐认为只有“各国的欧洲”才有可能成为“欧洲人的欧洲”，而超国家的欧洲只能依附于美国。他理想中的欧洲是独立于美苏的“第三种力量”，因为只有不依附于美国的独立的欧洲，“才能成为苏联的一个有效的谈话对手，以便终究有一天和苏联解决东、西欧关系的问题和德国统一的问题”[③]。实际上，戴高乐的设想是建立以法德为核心、以法国为领导、排除美英影响的“欧洲人的欧洲”，其根本目的是恢复法国在欧洲乃至世界的大国地位。

欧洲国家对戴高乐的计划心怀疑虑。英国和荷兰都担心戴高乐的计划会把美英从欧洲大陆事务中排除出去，担心戴高乐在西欧寻求霸权地位。在这一点上，阿登纳政府与这些国家的看法相同，担心西欧政治联盟会疏远与美英的关系。但是，阿登纳同时看到了戴高乐的计划在加强西欧政治团结上的积极意义。因此，阿登纳在政治联盟的问题上支持戴高乐，但也意识到要防止戴高乐用政治联盟取代现存的欧洲和大西洋组织，防止欧洲与美国拉开距离。

在 1960 年 7 月 29 日和 30 日的法德首脑朗布依埃会谈中，戴高乐将军明确解释了他的观点：“一个联合的欧洲将是一个有组织出现的、民族的、国家的联盟，将来可能变成一个庞大的邦联。现存的共同体将被合并进去，通常要服从政治权力的领导，因为共同体并不代表一个政治权力。防务将是合作的主题之一，因此北约应该根据欧洲人自己的倡议进行改革，以结束这种在防务上不给欧洲人任何责任的一体化局面。”[④]戴高乐的建议引起了轩然大

---

① Jeffrey G. Giauque, *The United States and the Political Union of Western Europe*, 1958 - 1963, in Contemporary European History, Vol. 9, Part 1, March 2000, p. 93.

② ［法］戴高乐：《欧洲国家的和谐》，载李巍、王学玉编《欧洲一体化理论与历史文献选读》，山东人民出版社 2001 年版，第 42 页。

③ ［法］皮埃尔·热尔贝：《欧洲统一的历史与现实》，丁一凡等译，第 240 页。

④ Maurice Couve de Murville, *Une Politique Etrangere*, 1958 - 1969, Paris, Plon, 1971, p. 244.

波。阿登纳对此建议脱离美国的倾向心存疑虑，意大利和荷、比、卢更是一致反对改革北约，对任何挑战美国对欧洲防务义务的想法持反对态度，并提议英国应该加入政治联盟，希望以此来制约法德两国在欧洲称霸。

1961 年 2 月的共同体首脑会议后，六国决定成立一个由各国政府代表组成的委员会，就政治联盟计划向下一次首脑会议提出具体建议。这个委员会由法国外交官克里斯蒂昂·富歇主持，称富歇委员会。10 月 19 日，法国向富歇委员会提出了一个建立“国家联盟”的条约草案（即第一个富歇计划），建议采取共同的对外政策和共同的防务政策，并在科学和文化领域里进行合作。草案在谈到国家联盟时没有提及经济管辖权，让人觉得国家联盟不会和共同体机构互相干扰，这使其他各国觉得法国草案可以成为讨论的基础，但在超国家性、防务和英国加入的问题上都与法国有分歧，因此要求修改草案。

让人意外的是，1962 年 1 月 18 日，法国向富歇委员会提出的文件（即第二个富歇计划）使各国更加失望。在这份文件中，国家联盟的权限扩大到了经济领域；在防务问题上，一切暗示大西洋联盟的说法都被取消了；至于联盟的机构设置和权限问题，议会的权力没有得到加强，也没有独立的秘书处。

法国的伙伴们意见分歧很大。比利时、荷兰等国认为应该阻止法国带领西欧走“第三种力量”的道路；它们还认为应该把英国吸收进共同体后，再考虑西欧政治联盟计划。意大利、西德和法国仍希望美国说服比、荷等国接受进一步的谈判。1962 年 4 月，第二个富歇计划的谈判陷入僵局。

戴高乐将军的计划得不到共同体伙伴和美国的支持，他对此深感愤怒。1962 年 5 月 15 日，戴高乐在记者招待会上猛烈地抨击了超国家观点，认为在欧洲建设中的过程中，“只有国家在这方面才是有资格的、合法的，而且才能实现它。我过去说过，现在再说一遍，在目前只有、也只能有各国的欧洲，除此之外别无其他欧洲的可能。当然一切神话、幻想和夸夸其谈都不算在内”①。他明确地指责超国家欧洲的拥护者是在替美国办事，“像某些人所说的一体化的欧洲将没有自己的政策，于是它将要依赖外部的某个国家，而这个国家是有政策的。也许会有个联邦建立者，但他不会是欧洲的”②。

---

① ［法］皮埃尔·热尔贝：《欧洲统一的历史与现实》，丁一凡等译，第 253 页。

② 同上。

欧洲政治联盟的谈判，富歇计划的失败使戴高乐进一步加强了法德轴心，而且加深了对英国的不信任。1962年12月15日和16日麦克米伦与戴高乐在朗布依埃举行会谈。麦克米伦希望达成一致协议，但是戴高乐回答说，直到欧洲国家变得独立于美国，才有可能达成一致协议。他还说："我相信英国比过去更欧洲了。但是我看到它仍然不会接受现在的共同市场。"① 他进一步断言，英国仍然在防务问题上与美国维持联系，尤其是核武器上。总之，戴高乐认为，英国并没有同意放弃它同美国的特殊关系。这无疑为英国的加入增添了不利因素。

除了政治联盟问题，关于英联邦和农业的问题也是英国加入的障碍。关于英联邦问题，英国极力想保持同英联邦的特殊经济和政治关系。原因在于：第一，英国与英联邦的经济联系紧密。英国出口的主要市场仍然在英联邦各国，仍然享受特惠税率，英国对外投资的9/10集中在英镑区和英联邦各国。而英联邦各国对英国市场和帝国特惠制的依赖也很大，英联邦各国对英国出口的50%—70%在英国市场上享受特惠待遇。第二，英国所需进口的大量原料和粮食来自英联邦各国和殖民地。第三，英国凭借英联邦维持着它在资本主义世界的大国地位。②英联邦对英国的重要性不言而喻。但是，六国认为，既然英国申请加入共同市场，就不能再同英联邦各国保持特殊关系。把英联邦带到共同体中来，不仅可能在共同体内形成英国和英联邦的小集团，而且也会影响共同体国家的产品竞争力。戴高乐警告英国，必须在英联邦和欧洲之间做出选择。

而农业问题同样棘手。由于对某些门类的生产者采取差额支付和直接补贴的办法，英国的农业生产者每年从国家获得大量补贴，同时由于英联邦各国农产品自由输入英国，所以农产品价格仍可维持在国际农产品价格水平之下。而加入共同市场后，共同农业政策实行的农产品价格支持政策使英国必须改变原来的差额支付和直接补贴的政策，使农业生产者的利益受到一定的影响。另外，共同农业政策在共同体内部实行农产品的自由贸易，并对外建立共同关税，这样英联邦的农产品无法进入共同体，英国的农产品价格必然要上涨。所以英国政府对共同农业政策十分抵触。但是，法国是农业生产和

① George Wilkes, *Britain's Failure to enter the European Community*, 1961 - 1963: *the Enlargement Negotiations and Crises in European*, *Atlantic and Commonwealth Relations*, 1997, p. 62.

② 赵怀普：《英国与欧洲一体化》，第129页。

农产品出口大国，可以从共同农业政策的农产品价格支持政策和农产品出口补贴制度中获益，所以法国是共同农业政策的坚定支持者。

1962 年 1 月，由于法国以不过渡到关税同盟第二阶段相威胁，使六国在共同农业政策的财政和主要内容方面达成协议。[①]协议可以说是法国和共同农业政策的胜利，但对英联邦的贸易特惠制和英国农业就更加不利了。在第三章第三节中已经谈到 1961 年 12 月到 1962 年的那次马拉松会议，与西德相比，英国的情况有过之而无不及。关于农产品的价格提高幅度，曾经有一个法国历史学家估计，在共同农业政策施行的头十年，即 1962 年到 1971 年，欧洲经济共同体的价格将比世界价格高 50% 到 100% 。而一个英国经济学家则估计，1968 年到 1979 年之间，欧洲经济共同体许多产品的价格与世界价格的平均比率将是 139 到 229。[②]英国在共同农业政策之下，不仅农产品价格会大大提高，而且英国政府会对共同农业政策的农业基金缴纳相当数量的进口税；而作为一个农产品的非出口国，英国从干预收购和出口补贴中所得甚微。在农业问题上，英国已经处于不利的地位。

英国同六国的谈判并不顺利。麦克米伦意识到戴高乐对英国加入共同体的顾虑，为此，他于 1962 年 6 月和 12 月两度与戴高乐会晤以获取他的支持。麦克米伦对戴高乐表白英国坚决推行向欧洲大陆靠拢的政策，以颇富煽动性的语言，试图感染戴高乐："让我们把欧洲团结起来吧，亲爱的朋友！我们三个人可以一起干：您、我和阿登纳。如果在我们三个人执政期间放弃了这个历史机会，天知道这个机会会在什么时候和为什么人再出现！"[③]然而，戴高乐不为所动。他直截了当地从经济方面对英国加入共同市场提出了疑问："从经济上看，你们英国人主要是依靠和美国的大规模贸易以及和英联邦的优惠贸易，你们真的能够同意和欧洲大陆国家一起实行统一的关税，不怕严重地损害你们和美国的贸易，并且排斥你们的自治领和从前的殖民地么？你们一直吃的是廉价的加拿大小麦，新西兰绵羊，爱尔兰的牛肉和马铃薯，澳大利亚的牛油、水果、蔬菜，牙买加的糖等等，现在你们愿意购买欧洲大陆——特别是法国的——价格必然比较高的农产品吗？"戴高乐有关政治方面的提问同样直率而令人难堪："由于你们和美国的特殊关系，你们会不会

① 参见本书第三章第三节。

② P. M. H. Bell, *France and Britain* 1940 - 1994: *the Long Separation*, London and New York: Longman, 1997, p. 187.

③ [法] 戴高乐：《希望回忆录》第 1 卷《复兴，1958 - 1962》，第 229 页。

参加这样一个欧洲联盟呢？或者，如果你们参加的话，目的是否在于使欧洲实行一体化从而陷入大西洋主义中呢？”①

会谈中最敏感、最核心的问题是核合作问题。谈到核问题，不能不提美国与法国在核政策上的分歧。在 1958 年 6 月上台后与美国国务卿杜勒斯举行的第一次会谈中，戴高乐就表示法国将会发展自己的核武器。杜勒斯劝说戴高乐放弃自行研制核武器的计划，戴高乐回答说：“如果您同意卖给我们原子弹，我们愿意购买，但必须完全由我们支配，不加任何限制。”②美国当即表示不同意。

美国主张尽量控制核武器的扩散，认为这是降低核战争爆发风险的重要步骤。对美国来说，核保护伞最有效、最安全的形式就是统一的、集中控制的美国核威慑力量。而戴高乐认为，1958 年的世界局势与北大西洋公约组织建立时大不相同了，西方国家都从战后的困境中走出来了，苏联不大可能征服西方国家，反而会希望缓和国际局势，发生世界性冲突的可能性很小。而且，苏联的核力量发展很快，已经获得了歼灭美国的手段，不到万不得已美苏两国不会打起来，但却无法制止他们在两国之间的地带即中欧和西欧投弹。这样一来，北大西洋公约组织已经不能保障西欧的安全了。基于这种分析，戴高乐的计划是：法国脱离北约但不脱离大西洋联盟；同东方集团——苏联和中国缓和关系；最后，建立一支核力量，使任何国家都不敢攻击法国。为了法国的安全和利益，戴高乐坚持发展法国的独立核力量，认为法国不可以把自己的防务交给别人，必须依靠自己的防务。他说：

> 法国的防御应当是法国人自己的事。像法兰西这样一个国家，假使它进行战争，那应当是它自己的战争，作出的努力应当是它自身的努力。无疑，一旦发生战争，法国将配合别的国家进行抵抗。但必须是由我们自己作战，必须是法国用自己的力量，为了自卫，用自己的方式进行抵抗。……因此，在近几年里，我们必须具有一种可以为我们自己使用的力量，具有普通称之为“打击力量”的东西。它能够在任何时候，对任何地方进行攻击。当然，这力量主要的部分就是核武器。③

① ［法］戴高乐：《希望回忆录》第 1 卷《复兴，1958—1962》，第 229—230 页。

② 同上书，第 219 页。

③ 同上书，第 214 页。

法美双方的分歧无法弥合。1960 年 2 月，法国不顾美国的反对和劝阻，成功试爆了第一颗原子弹。为了获取法国对英国加入共同体的支持，麦克米伦在会谈中表示支持法国建立独立的核打击力量："除了泄露我们从美国人那里得到的关于核弹头本身的秘密情报之外，我们什么事都可以办到。"①但是，法国方面的信息却显示，麦克米伦不像他在回忆录中说的那么爽快。法国外长德姆维尔在书中写道，当戴高乐询问对法英核合作的态度时，麦克米伦回答说，他原则上赞成，但是由于英国同美国的合作关系，很难分清什么是美国提供的，什么是英国自己的。②麦克米伦还谈到，美国放弃生产用来运载英国核弹头的"闪电"导弹，对英国的核武器系统将产生不良影响。戴高乐提出，既然美国人不生产，也许我们欧洲人可以来共同制造，但麦克米伦对此未置可否。戴高乐认为，麦克米伦的消极态度证明，英国在核合作上并无诚意，英国进入"欧洲人的欧洲"时机还未成熟。

1962 年 12 月 21 日，即麦克米伦与戴高乐第二次会谈后不久，美英在巴哈马群岛的拿骚举行会晤，就建立"多边核力量"计划达成协议。协议规定，美国向英国提供"北极星"导弹，并帮助英国建造配套的核潜艇和生产核弹头。英国要将这支核潜艇部队拨交北约，置于北约欧洲盟军最高司令部指挥之下，但是英国保留在国家的"最高民族利益"受到威胁时收回这些核力量，归自己支配的权利。美国也向北约拨交与之相等的核力量。美、英这些核力量将成为北约"多边核力量"的一部分。肯尼迪写信告诉戴高乐将军，法国可以享有类似英国的安排，建议他购买可以在北约范围内使用的"北极星"导弹。③但戴高乐认为这是个骗局，是美国控制英法核武器的手段，参加北约的多边力量将使法国无法拥有自己独立的打击力量。④而对于英国，戴高乐十分失望："英国把它仅有的一点原子力量交给了美国人。它很可以把它交给欧洲。但它做了自己的抉择。"⑤他认为，拿骚协议证明英国是个大西洋国家，而非欧洲国家。英国在美国和欧洲之间选择了美国，而非欧洲。

① ［英］哈罗德·麦克米伦：《麦克米伦回忆录》第 6 卷《从政末期》，余航等译，商务印书馆 1980 年版，第 337 页。

② Maurice Couve de Murville, Une Politique Etrangere, 1958 - 1969, Paris, Plon, 1971, pp. 64 - 65.

③ 张锡昌、周剑卿：《战后法国外交史》，世界知识出版社 1993 年版，第 161 页。

④ ［法］皮埃尔·热尔贝：《欧洲统一的历史与现实》，丁一凡等译，第 272 页。

⑤ 戴高乐 1963 年 1 月 24 日为国民议会议员在总统府举行的招待会上的讲话，转引自张锡昌、周剑卿《战后法国外交史》，第 207—208 页。

1963 年 1 月 14 日，戴高乐在记者招待会上声明，法国拒绝在拿骚协议上签字。同时，他还否决了英国加入共同市场的申请。外长德姆维尔随即前往布鲁塞尔，要求立即停止共同体同英国的谈判。1 月 29 日，共同体同英国的谈判正式宣告失败。英国加入共同市场的第一次申请就这样夭折了。

三　法国拒绝英国的原因

法国拒绝英国的原因，戴高乐在记者招待会上有详细的阐述。他首先强调了欧洲大陆六国在经济上“大体上是性质相同的”[①]，然后他指出英国在经济上与大陆国家不同：“英国事实上是一个海上的岛国，通过它的贸易、它的市场、它的食物的供应同各种各样的国家，而且经常是同很辽远的国家联系着。……在它的整个工作中，它有着一些很明显的和很独特的习惯和传统。总之，英国所具有的这种性质、结构和情况是与其他大陆国家不同的。”尤其在农业方面，戴高乐指出：“英国人民取得食物的方法，实际上是从南北美洲或从旧自治领地廉价购买粮食进口的方法，同时还要给予英国农民以大量的补贴，这种方法显然是与六国为它们自己自然而然地建立起来的制度不相容的。”[②]戴高乐对英国能否放弃自己的传统和英联邦的特惠制，真正从经济上融入共同市场表示怀疑。

在列举了经济上的原因后，戴高乐又列举了政治上的理由表明自己拒绝英国的态度。他认为，英国加入共同体之后，自由贸易区的其他国家也会加入，这样的共同市场与六国建立的共同市场截然不同：

> 可以预料，参加的成员这样多、这样复杂的一个集团，其内部团结是不会维持长久的，而且最后终究将会出现一个依附美国并在美国领导下的庞大的大西洋共同体，而且它将很快地把欧洲共同体吞并掉。
>
> 有些人看来，这可能是一个完全合理的假定，但是这决不是法国所希望做的，也不是它所做的，而法国的希望，法国在做的，是建设地道的欧洲。[③]

---

① 国际关系研究所编译《戴高乐言论集（1958 年 5 月—1964 年 1 月）》，世界知识出版社 1964 年版，第 408 页。

② 同上书，第 410 页。

③ 同上书，第 411 页。

戴高乐的理由当然不止他在大庭广众之下所说的那些。在共同农业政策问题上，戴高乐不愿在该政策未制定完成前让英国加入。《罗马条约》规定实施一项共同农业政策，把共同市场扩大到农业和农产品贸易，但是，由于农业问题的复杂性和敏感性，《罗马条约》并没有规定共同农业政策的实施步骤和具体方案，这些工作留待条约生效两年后再草拟。条约生效后，西德等国对共同农业政策的制定采取能拖就拖的办法，共同农业政策的制定一波三折，进展缓慢。1960 年，法国以使用否决权相威胁，共同农业政策的三项基本原则才得以确立，政策得以继续制定。1962 年 1 月，由于法国以不过渡到关税同盟第二阶段相威胁，六国才在共同农业政策的财政保证和安全保护等方面达成协议。[①]但该政策的许多实质性问题，如谷物的统一价格等问题，还需要进一步的艰苦工作。戴高乐很清楚农业和农业共同市场对于法国的重要性："显然，农业在我们国家的整个活动中，是一个重要因素。我们不能设想有这样一个共同市场，法国农业在其中找不到适应它的生产的市场。而且我们认为在六国中，我们在这方面是具有最迫切需要的一个国家。"[②]英国国内农业部门早在 1961 年就明确表示，希望在共同农业政策还在制定的时候加入共同体，以便对共同农业政策施加影响。在共同农业政策未制订完成时让英国加入共同体，不仅会增加一个共同农业政策的反对派，而且对法国所希望的共同农业政策是个很大的威胁，可能会影响到共同农业政策的形成。因此，法国并不希望英国在此时加入共同体。

农业方面的矛盾固然是法国拒绝英国的原因，但更重要的是出于政治上的考虑。戴高乐欧洲政策的特点是，戴高乐希望建立"各国的欧洲"和"欧洲人的欧洲"。"各国的欧洲"针对的是"超国家的欧洲"。戴高乐主张通过国家间的合作把欧洲组织起来，反对建立超国家的欧洲统一机构。他多次抨击超国家观点，强调"……国家之间的合作是在任何程度上使欧洲实现统一的唯一的道路"[③]。"欧洲人的欧洲"则是针对美国的影响力和主导地位而说的。"欧洲人的欧洲"与"各国的欧洲"是相互关联的。戴高乐认为只有"各国的欧洲"才有可能成为"欧洲人的欧洲"，而超国家的欧洲只能依附于美国。在 1962 年 5 月 15 日举行的记者招待会上，戴高乐公开指责超国

① 参见本书第三章第三节。

② 国际关系研究所编译《戴高乐言论集（1958 年 5 月—1964 年 1 月）》，第 409 页。

③ ［法］戴高乐：《欧洲国家的和谐》，载李巍、王学玉编《欧洲一体化理论与历史文献选读》，山东人民出版社 2001 年版，第 42 页。

家欧洲的拥护者是在替美国办事。戴高乐理想中的欧洲是独立于美苏的“第三种力量”，因为只有不依附于美国的独立的欧洲，“才能成为苏联的一个有效的谈话对手，以便终究有一天和苏联解决东、西欧关系的问题和德国统一的问题”①。实际上，戴高乐的设想是建立以法德为核心、以法国为领导、排除美英影响的“欧洲人的欧洲”，其根本目的是恢复法国在欧洲乃至世界的大国地位。

戴高乐把欧洲一体化当作他实现法国领导地位的工具。在战后初期，法国一直希望一体化有英国参加，但是在法德关系实现和解后，法德共同参加了欧洲煤钢共同体和欧洲经济共同体，法国对英国的态度有了改变。对戴高乐来说，首先考虑的是，法国将在欧洲处于什么位置。他认为，“比利时、荷兰和卢森堡都不是带头的角色。意大利尽管充满火力和工业上有发展，也不可能充当这样的角色。德国在1945年被打败了，自不能染指这一体系的领导”，“英国一旦成为欧洲的第七个成员国，就会打乱上述的一切打算。因为要它接受永远扮演二流角色，是不可想象的”②。很显然，戴高乐认为法国可以利用西德战败国的地位，在共同体内树立法国的领导地位。而英国是传统大国，英国的加入“会严重颠覆共同体内的权力平衡，尤其是法德之间的权力平衡”③。麦克米伦在日记中愤愤不平地写道：“戴高乐想要支配欧洲。他想的不是一个伙伴关系，而是一个拿破仑式的或者路易十四式的霸权。”④“他要在六国共同体中树立法国的霸权以代之，并且不接纳新的会员国。”⑤麦克米伦的话虽然语含激愤，但确是一语中的。

戴高乐拒绝英国参加的根本原因，是防止美国将欧洲经济共同体融化于大西洋共同体之中。戴高乐不会忘记，在第二次世界大战中，丘吉尔曾经对他讲过一句名言：“您要知道，如果我必须在您和罗斯福之间作一选择时，我总是选择罗斯福的。您还要知道，当我必须在欧洲和大海之间作出选择时，我总是选择大海的。”⑥英国对美国的亲近感和对欧洲大陆的距离感使戴高乐怀疑英国加入欧洲共同体的诚意和效果。戴高乐认为，英国不可能成为

---

① ［法］皮埃尔·热尔贝：《欧洲统一的历史与现实》，丁一凡等译，第240页。

② ［法］罗歇·马西普：《戴高乐与欧洲》，复旦大学世界历史系世界史组译，第49页。

③ Alan Sharp and Glyn Stone (ed.), *Anglo - French Relations in the Twentieth Century: Rivalry and Cooperation*, London and New York: Routledge, 2000, p. 329.

④ ［英］哈罗德·麦克米伦：《麦克米伦回忆录》第6卷《从政末期》，第354页。

⑤ 同上书，第343页。

⑥ ［法］罗歇·马西普：《戴高乐与欧洲》，复旦大学世界历史系世界史组译，第50页。

一个真正的欧洲国家，在关键时候会毫不犹豫地牺牲欧洲的利益而为大西洋利益服务，导致最后出现一个美国领导下的大西洋共同体。事实上，戴高乐没有看错。麦克米伦并不打算使英国成为一个“欧洲国家”。他并不讳言英国人要坚持“大西洋联盟”，还说明了坚持大西洋联盟，是因为“欧洲却不能够单独存在。它必须以平等的、体面的伙伴关系同自由世界的其余部分、英联邦以及美国合作”①。麦克米伦打算一进入共同市场，就着手把它变成西方防御的“第二支柱”，并同美国合作，使之成为扩大的大西洋伙伴关系的一部分。②麦克米伦争取到了美国总统肯尼迪的支持。肯尼迪1962年在费城的演说中提出重振大西洋联盟的“宏伟计划”，建议在美国和欧洲经济之间建立公开的贸易联盟，成立一个大的自由贸易区。1962年8月，“贸易扩大法”在美国国会获得通过。这项法案建立在英国加入欧洲共同市场的假设基础上，美国希望英国加入共同市场，利用同英国的“特殊关系”，实现自己重振大西洋联盟、领导大西洋联盟的设想。在防务方面，肯尼迪提出建立北约“多边核力量”，把英法等国的核力量控制在北约手中，也就是控制在美国的手中。这个计划对于戴高乐来说无疑是火上浇油。在拿骚会议前戴高乐就考虑阻止英国加入共同体，拿骚协议正好提供了这样一个借口。当时担任英国驻法国大使的皮尔森·狄克逊证实了这一点。③

四　英国第二次申请与法国的否决

1964年上台的英国工党政府于1967年5月11日第二次提出了加入共同市场的申请。工党支持加入共同市场经历了一个漫长的过程。

战后工党在加入欧共体的问题上几乎从来没有显示过热情。从40年代后期贝文的欧洲合作构想之后，工党就转而反对欧洲联合。1961年保守党政府申请加入共同体时，工党内大部分人是持反对意见的。在1962年工党代表大会上，工党领袖盖茨克尔公开宣称，加入共同市场，就意味着“英国1000年历史的终结”④。大会对英国加入共同体提出了五项条件：对英联邦

---

① ［英］哈罗德·麦克米伦：《麦克米伦回忆录》第6卷《从政末期》，第357页。

② ［英］阿伦·斯克德、克里斯·库克：《战后英国政治史》，王子珍、秦新民译，世界知识出版社1985年版，第149页。

③ P. Dixon, *Double Diploma: the Life of Sir Pierson Dixon Don and Diplomat*, London: Hutchinson, 1968, pp. 299–300.

④ ［英］阿伦·斯克德、克里斯·库克：《战后英国政治史》，王子珍、秦新民译，第151页。

朋友与伙伴的贸易和其他利益做出明确而有约束性的保护；能像现在一样自由地执行英国的外交政策；英国政府能实现对欧洲自由贸易区伙伴所做的承诺；保持英国政府的经济计划权；保证捍卫英国农业立场。[1]这些条件显然不可能被共同体六国所接受，因此，这些条件不妨看做是对英国加入共同体的反对意见。

1963年，哈罗德·威尔逊继任工党领袖。1964年10月15日，威尔逊领导的工党在大选中获胜，结束了保守党政府长达13年的统治。在威尔逊的第一个任期内，他对欧洲的态度并不明确。此时，威尔逊对英国的世界大国地位抱有幻想，他说："我们或者是个世界大国，拥有世界影响，或者什么也不是。"[2]因此，英国政府坚持大西洋和英联邦联系以及英国在苏伊士运河以东拥有重要军事作用的传统学说，无意加入共同体。

1966年竞选期间，威尔逊在布里斯托尔发表了一篇重要讲话，重申了盖茨克尔在1962年提出的两个主要条件，即保证英国在外交和国防政策方面充分独立自主，以及继续在世界市场上不受限制地购买食品的自由。竞选期间，两党候选人的态度是有区别的。希思宣称他将再次努力使英国加入共同体。而威尔逊则强调，如果加入有可能成功，而且如果条件有利的话，英国可以再次尝试加入共同市场。[3]

然而，随着时间的推移，威尔逊政府变得越来越倾向于加入共同体，其原因主要有：

第一，英国面临严重的经济困难。1964年，工党政府一上台便笼罩在英镑危机的阴影中，为了应付经济困难局面，工党政府在执政的第一年里接连抛出三个预算方案，艰难地渡过了英镑危机。1966年4月1日，威尔逊再次当选英国首相后，严重的经济危机接踵而来。1967年7月，英国的黄金和美元储备减少了3600万英镑，6月的贸易逆差达到3900万英镑。7月中旬，英国的失业人数为49.6万人，是1940年以来该月的最高纪录。11月18日，英国财政部宣布英镑贬值14.3%，从1英镑折合2.80美元降为2.40美元。爱德华·希思

---

① 赵怀普：《英国与欧洲一体化》，第138页。

② F. S. Northedge, *Descent from Power: British Foreign Policy*, 1945 - 1973, London : George Allen & Unwin, 1974, p. 297; David Reynolds, *Britannia Overruled : British Policy and World Power in the Twentieth Century*, London ; New York : Longman, 1991, p. 226.

③ P. M. H. Bell, *France and Britain* 1940 - 1994: *the Long Separation*, London and New York: Longman, 1997, p. 208.

说，工党执政三年“使英国从一个繁荣的国家堕落成一个国际乞丐”。1968年，英国再次经历了货币危机，国际收支状况也未能得到大的改善。当年往来账户上的赤字为2.74亿英镑，比1967年的3亿英镑只是略有减少。[①]

英国经济的年均增长率也是主要资本主义国家中最慢的。1960—1969年，法国和意大利的增长率为5.9%，西德为4.9%，日本高达11.1%，美国为4.5%，而英国只有2.9%。[②] 1965年，英国经济在资本主义世界的位置已由战后初期的第二位下降到第五位，居美国、西德、日本和法国之后。更为严重的是，生产停滞和通货膨胀并发，成为英国经济难以医治的痼疾，不管采取“紧缩”措施还是采取“放宽”措施，都无法解脱困境。而英联邦国家在英国外贸中所占的比重日益缩减，英国与欧洲自由贸易联盟国家的贸易额增长得还不如与欧洲经济共同体六国之间的快。因此，英国政府认识到要想摆脱英国经济的困境，不能靠英联邦和欧洲自由贸易联盟，只能加入共同市场，以刺激它日益衰落的经济，扩大对外贸易，改善国际收支。

第二，国内国际政治形势的影响。国内政治方面，主要是由于党派斗争的需要。1965年7月，希思接替麦克米伦担任保守党领袖后，继续主张英国加入欧洲经济共同体。威尔逊担心如果工党政府在加入欧共体问题上继续态度消极，将在1966年的大选中丧失选票。因此，威尔逊希望通过在加入问题上的积极态度来回击保守党的进攻，以巩固工党政府在国内的领导地位。国际政治方面，主要是英国与美国的特殊关系和与英联邦关系面临困难。自从1963年签订了《拿骚协定》后，英国对美国的军事依赖越来越重。在经济上，英镑的疲软使英国不得不依靠美国的支持。在政治上，威尔逊政府对美国在越南的政策持保留态度，以及英国因经济困难被迫决定从苏伊士以东撤军，也使英美“特殊关系”出现紧张。英国与英联邦国家之间的实质性联系到60年代中期也变得越来越松散。在政治上，英联邦在国际上的作用和影响力减小，在经济上，英国与英联邦国家之间的贸易额下降。与美国和英联邦关系的困难促使英国把目光转向欧共体。

第三，欧共体自身的变化。英国拒绝加入共同体，根本的原因在于害怕共同体的超国家性质使英国的主权受到损害。但60年代中期的欧共体使英国的顾虑有所缓减。1965年，戴高乐为了反对共同体朝联邦制转变和

---

① [英] 阿伦·斯克德、克里斯·库克:《战后英国政治史》，王子珍、秦新民译，第203—207页。

② 《西欧共同市场》编写组编:《西欧共同市场》，第160页。

在共同体内实行多数表决制，发动了对共同体机构的抵制运动，即“空椅子危机”。1966年1月，共同体各成员国达成了《卢森堡协议案》。根据这一协议，在事关国家利益的重大问题上，成员国必须一致同意。这使共同体内的联邦主义趋势得到遏制，也使担心联邦主义倾向的英国更容易接受共同体。

第四，国内外的支持也是因素之一。1966年7月的一次民意测验表明，75%的英国人支持加入共同体。在共同体内部，意大利和荷、比、卢都欢迎英国加入，这也增强了英国政府的信心。①

1966年3月大选期间，工党在竞选纲领中宣称，只要基本利益得到保护，英国将准备加入共同体，威尔逊政府对英国加入共同体的态度已经明确。

工党赢得1966年的大选后，威尔逊政府对英国加入共同体的态度更加积极了。10月22日，英国政府召开内阁会议讨论外交大臣乔治·布朗主持的一个委员会提交的报告。报告分析了加入共同体对英国社会和经济的影响，指出英国只有加入共同体，才有可能保持它的世界大国的地位。布朗希望英国能够在1969年前加入共同体，以便能够影响共同农业政策的安排。同时，内阁同意威尔逊和布朗于1967年年初出访欧洲经济共同体各国的首都。1967年年初，威尔逊如期访问了六国首都，其中1月24—25日对法国的访问至关重要。

在这次访问中，戴高乐与来访的威尔逊主要讨论了英国加入欧洲经济共同体的条件和英国与美国的特殊关系问题，他特别强调要保护法国农民在共同农业政策上的利益。戴高乐还问：“现在的英国有可能或者愿意实行一项与美国大相径庭的政策吗?”威尔逊没有回答，但是他认为他可以说服戴高乐。②所以，尽管英国驻巴黎大使馆警告说，戴高乐有可能再次否决，但是威尔逊并没有认真对待使馆的警告，反而增强了申请的信心。③

1967年5月2日，威尔逊政府召开内阁会议，随后宣布，工党政府打算申请正式加入欧洲共同体。21位内阁成员中，虽然有7人反对，仅有10人支持，其他人仅仅有可能支持，但内阁中无人辞职。④5月8—10日，英国下

① [英]阿伦·斯克德、克里斯·库克:《战后英国政治史》，王子珍、秦新民译，第215页。

② Ben Pimlott, *Harold Wilson*, Harper and Collins, 1992, p. 441.

③ [英]阿伦·斯克德、克里斯·库克:《战后英国政治史》，王子珍、秦新民译，第215页。

④ 同上书，第216页。

院就英国加入欧洲经济共同体进行表决，大多数议员赞同政府的决议，其中，352名工党议员中，有36人反对，51人弃权；259名保守党议员中，有26人反对。[①]5月11日，英国第二次提出加入欧洲经济共同体的申请。

这一次，英国的要求缓和了许多，它不仅表示同意接受共同农业政策，也不再提修改《罗马条约》了，只要求对条约做某些调整和有一个过渡阶段。在英联邦问题上，英国只要求对加勒比国家的糖以及新西兰的奶制品实行特殊优待。至于欧洲自由贸易联盟国家，英国也不再要求让它们一起加入共同体。但是，威尔逊政府拒绝在对外政策和防务上限制英国的主权，而且明确指出欧洲防务需要美国的保证，反对建立欧洲的核力量。这与戴高乐将军的观点有所不同，也加大了英国加入共同体的难度。

5月16日，戴高乐将军在一次新闻招待会上虽然回避了他是否会否决英国申请的问题，但是他的态度实际上是反对英国的。他认为英国和美国在防务上联系太紧密和美国对英镑的支持，英国将会成为美国的“特洛伊木马”。而且，戴高乐认为英国经济太弱，加入共同体会损害现存的六国，他坚持英国应该结束英镑的储备货币的地位。[②]

在5月30日庆祝《罗马条约》签订十周年的首脑会议上，戴高乐将军保证法国不会阻挠共同体研究英国的申请。但是，在11月27日的记者招待会上，戴高乐再次拒绝了英国。当时，威尔逊政府刚刚因为国际收支危机而被迫宣布英镑贬值。戴高乐声称疲软的英镑会影响共同体的经济，批评英国的经济情况与欧洲经济共同体的规定不相容，认为英国应该把经济整顿好了再与六国进行谈判。戴高乐说，现在就让英国进来，“这对六国来说是事先允许那些阴谋诡计、无限拖延和遮人耳目的幌子去掩盖对一所付出了艰苦的代价又寄托着众人希望的建筑物的摧毁”。因为如果让英国加入共同体，六国的经济体系就可能被一个包括整个西欧的自由贸易区取代，这样就需要“废除共同体，解散它的机构”[③]。

法国否决英国申请后不久，欧共体部长理事会决定不再进一步考虑英国的申请。因此，英国的第二次申请还没谈判就失败了。由于戴高乐将军两次把英国挡在共同市场门外，威尔逊首相对英国加入共同体丧失了信心：“只

① ［法］皮埃尔·热尔贝：《欧洲统一的历史与现实》，丁一凡等译，第298页。

② Alex May, *Britain and Europe Since 1945*, Longman, 1999, p. 44.

③ ［法］皮埃尔·热尔贝：《欧洲统一的历史与现实》，丁一凡等译，第301页。

要戴高乐将军还在爱丽舍宫，我们（英法）之间的关系将极难恢复。”[1]对此，戴高乐也不讳言：“英国有朝一日将加入共同市场，（但）毫无疑问那时我将不在位了。”[2]

第四节 英国的加入谈判与重新谈判

一 英国的加入谈判

1969 年 4 月，戴高乐辞去法国总统职务，蓬皮杜当选为总统。蓬皮杜对英国加入共同体问题的态度比较缓和，改变了戴高乐的对英强硬政策。当时西德实力明显增强，加上推行“新东方政策”后，大大拓宽了对外关系，加强了在国际政治中的地位。这对法国是一个刺激，蓬皮杜决定同意吸收英国加入欧洲经济共同体，以平衡西德的势力。[3]另一方面，共同农业政策经过 10 年艰苦而漫长的制定过程，已经基本定型。1968 年 7 月 1 日，欧共体六国取消了成员国间在大部分农产品上的贸易限制，制定了统一的价格，建立了共同的对外农产品关税壁垒，提前 18 个月实现了建成共同农业市场的目标。法国对英国有可能干扰共同农业政策的担心不复存在。1969 年 12 月，法国总统蓬皮杜在欧洲经济共同体六国首脑会议上倡议扩大共同体，为英国加入扫除了最大的障碍。

1970 年 6 月，爱德华·希思领导的保守党上台执政后仅仅 12 天，即 6 月 30 日，希思政府同六国开始了谈判。严格说起来，这一次算不上是英国政府的第三次申请，因为第二次申请还没开始谈判就遭到了拒绝，所以第二次申请继续有效。1969 年欧共体海牙首脑会议后，工党政府提出了恢复谈判的要求，并把时间定在 1970 年 6 月 30 日。保守党政府上台后，按照工党政府确定的时间如期恢复谈判。

爱德华·希思在第二次世界大战中作为解放法国和比利时的一名盟军军官亲眼目睹了战争所带来的可怕后果，也作为观察员亲历了纽伦堡审判。个人经历使他赞成欧洲联合，成为英国政界坚定的“欧洲派”。50 年代，欧洲

① 《威尔逊及其对外主张》编译组：《威尔逊及其对外主张》，上海人民出版社 1975 年版，第 267 页。

② Derek W. Urwin, *A Political History of Western Europe Since* 1945 (5th *ed.*), London: Longman, 1997, p. 170.

③ See R. Gildea, *France Since* 1945, Oxford: Oxford University Press, 1996, p. 211.

煤钢共同体成立时，希思就主张英国加入，并批评贝文对舒曼计划的政策。1961—1963年，希思率领英国谈判代表团就英国加入共同体与六国进行谈判。

60年代后期，希思的欧洲思想更加坚定，主张用“欧洲解决方案”来解决英镑的疲软和英国的经济问题。在70年代初，由于美国的力量进一步削弱、欧洲和日本迅速崛起，希思担心如果继续游离于欧洲之外，西方的重大问题，包括涉及英国自身利益的问题，将会由美国、欧洲和日本，而不是由英国做出决策。60年代末70年代初，英帝国的土崩瓦解，也使得英国转向欧洲的选择更加合乎情理。希思对欧洲的积极态度得到了历史学家们的普遍认可，甚至威尔逊任命的谈判小组成员登曼也说：“如果威尔逊赢得选举，加入谈判会失败，英国现在不会成为欧洲联盟的成员。”[①]希思对英联邦不甚热心，对英美特殊关系的措辞也不喜欢，他主张伦敦应该“更多转向巴黎、波恩和罗马”[②]。

但是，对英国来说，共同农业政策对英国的不利影响仍是英国政府考虑的重点。1970年2月，当时的工党政府曾发表白皮书，详细估量了英国加入共同体的经济代价。白皮书估计，英国加入共同体后，国内的农产品价格将因此提高18%—26%，从而使整个生活指数上升40%—50%。[③]但是，希思政府认为农产品价格问题可以通过过渡期逐步解决，而且共同市场将会对英国的工业和贸易发展有利，因此对加入共同市场的态度非常积极。

在谈判中，农业问题、财政问题成为讨论的焦点。共同农业政策，是对共同体各国农产品的生产、销售、进出口等方面进行直接的干预，协调各国的农业政策直至以共同政策去取代各国不同的农业政策。其主要特征是：第一，实行建立在价格支持政策与干预机制基础上的共同价格。共同体对农产品进行价格支持，当农产品降到干预价格（又叫支持价格）以下时，共同体的干预机构按照干预价格进行收购，因此，农产品的价格从来不会降到干预价格以下。这是共同体为保证农民收入水平的主要办法。第二，共同体实行以进口征税和出口补贴为特征的农业贸易政策。对共同体外的农产品征收进口税把外来产品排除在市场之外，而对共同体的出口产品给予补贴则把大量

① Roy Denman, *Missed Chances: Britain and Europe in the Twentieth Century*, Cassell, 1996, p. 231.

② David Reynolds, *Britannia Overruled: British Policy and World Power in the Twentieth Century*, London; New York: Longman, 1991, p. 241.

③ 赵怀普：《英国与欧洲一体化》，第155页。

农产品倾销到世界市场。主要目的是以征收进口税来限制从第三国进口农产品，鼓励从共同体内部进口农产品；同时鼓励和支持共同体向外出口农产品。第三，共同农业政策实施共同财政，把征收的进口差额税纳入共同财政，干预收购和出口补贴等的支出由共同财政支付。

共同农业政策的以上特征导致的后果之一是：食品净进口国向出口国转移收入。这种转移是经由共同体财政和贸易行为实现的。根据共同体的预算原则和对外贸易政策，农产品进口国从共同体外进口农产品，则需向共同体预算缴纳进口税；而农产品出口国向世界市场出口产品，则可以得到共同体预算提供的出口补贴。换句话说，共同体实际上是把预算从进口国转移到出口国。另一种情形是，如果共同体进口国直接从共同体出口国进口农产品，倒不需付进口税，但是其支付的价格相当于世界价格加上进口税，而出口国得到的价格也相当于世界价格加上出口补贴，这样收入直接从一国的消费者转移到另一国的生产者。两种情况本质上都一样，都是进口国转移收入给出口国。

由于英国每年进口大量的农产品而很少出口，因此，它在共同体预算中就出现交纳多而收益少的情况。实施共同农业政策必然使食品进口国英国成为一个净支出国，对英国非常不利。而法国的情况恰恰相反，法国由于共同农业政策而使 GNP 提高了 0.32%，[①]成为从共同预算中获得利益最多的国家之一，因而法国是共同农业政策的坚定支持者。此外由于共同农业政策的价格支持是维持法国农民收入的重要手段，而法国强大的农业组织对法国政局和选举结果有重要的影响力，法国政府不愿得罪农民和农业组织，丧失选票，所以法国对共同农业政策的制定和发展更加关注。在农业问题上，英法之间的矛盾和冲突就不可避免了。

英法在财政问题上的矛盾其实也与农业关系密切。根据 1970 年 4 月 21 日共同体各国签署的一项条约，共同体决定逐步建立“自有财源”作为共同体预算收入。条约规定，从 1971 年起，对进口农产品征收的差额税的 90% 纳入共同体“自有财源”，对进口商品征收的关税从 1971—1975 年以逐年增加的比例缴付共同体预算；同时共同体预算收入中原由各成员国按规定比例分摊的部分，将从 1975 年起由各国按国内征收的增值税的一部分来支付(最高不超过 1%)。而共同农业政策的开支长期以来占共同体总预算的 2/3，

① B. E. Hill, *The Common Agricultural Policy, Past, Present and Future*, London, 1984, p. 98.

在 1967—1968 年度至 1980 年期间，农业保证与指导基金（FEOGA）的保证部分激增了大约 10 倍，FEOGA 在共同体总预算中所占的比例从来没有低于 70%。[①]因此，自有财源的收支情况实际上取决于共同农业政策的收支情况。由于英国在共同农业政策中将是净支出国，这就使英国在共同体预算中也必然出现支出多、收入少的现象。

由于共同农业政策和"自有财源"制度在谈判开始前已经确立，因此，英国接受了共同体的预算制度和共同农业政策，但它强烈要求一个比较长的过渡期。英国提出工业享受 3 年的过渡期，而农业享受长达 7 年的过渡期；并宣称 1973 年英国能承担的具体摊款份额为 2.6%—3%，1974 年 5.2%—6%，1975 年 7.8%—9%，1976 年 10.4%—12%，1977 年 13%—15%。[②]法国政府坚决反对这种做法，认为英国人是先要享受工业共同市场的好处，然后接受农业市场的约束。在 12 月 8 日的部长级会议上，英国欧洲事务大臣杰弗里·里彭宣布接受委员会提议的统一为 5 年的过渡期，但同时表示用 5 年时间实施共同农业政策有困难。法国坚持委员会的建议，而其他五国则同意把过渡期延长为 8 年。英国提出的所能承担的财政分摊份额也被六国一致认为太少。尤其是法国，它坚持英国在加入共同体的第一年就应该支付它承担的对共同体预算的全部摊款。当时估计英国的全部摊款约占共同体共同预算的 20%，而英国的 GNP 只占共同体 GNP 总量的约 15%—16%，它从共同体财政的受益份额只有 8%—9%。[③]由于英法两国的分歧很大，三个月的谈判没有就此问题取得进展。

对英国购买英联邦的食糖和黄油也存在分歧。英国一向从英属安的列斯群岛、毛里求斯群岛和斐济群岛购买食糖，向新西兰购买黄油。60 年代后期，新西兰 90% 的黄油、70% 的乳酪和 88% 的羊肉都销往英国市场，占其出口收入的 1/4。同样，英属加勒比英联邦国家向英国出口食糖是他们维持生活的主要手段。[④]法国是甜菜生产大国，同时英国从新西兰进口的黄油相当于六国过剩的黄油，因此，法国希望英国减少购买英联邦国家的食糖和黄油，转而购买共同体的食糖和黄油。而共同体对进口农产品征收高额关税，

① *Agricultural Situation in the Community*: 1975 - 1981 *Reports*; Court of Auditors, *Annual Reports* 1977 - 1981.

② 赵怀普：《英国与欧洲一体化》，第 158 页。

③ Alex May, *Britain and Europe Since* 1945, Longman, 1999, p. 49.

④ 赵怀普：《英国与欧洲一体化》，第 158 页。

这对这些国家的经济将是灾难性的。法国政府还提出了英镑差额和英镑作为储备货币的作用问题。法国政府从欧洲货币联盟的前景出发，希望加强共同体内货币汇率的联系，作为日后建立全面的货币联盟的第一步。而英国考虑到维护英镑的特殊地位，不愿意加入任何的汇率机制，坚持英镑的地位是一个不容谈判的问题，因此，法国担心英镑差额和英镑作为储备货币的地位会影响欧洲货币联盟的建立。

1971 年年初，由于英法的分歧严重，谈判陷入了僵局。希思意识到英法之间的互不信任是谈判不利的关键因素，因此在 4 月访问西德时接受了勃兰特的建议，决定对蓬皮杜进行一次私人访问，以消除两国间的猜忌，为英国的加入谈判扫清道路。5 月 20—21 日，希思在巴黎与蓬皮杜举行会晤。蓬皮杜向希思提出了四大问题：其一，英国是否接受农业共同市场的基础，即优先从共同体成员国进口农产品？其二，英国是否同意共同体机构运转的一致同意原则？对这两个问题，希思均给出了肯定的答复。其三，英国加入共同体后，英镑是否同其他成员国货币处于同等地位？希思表示将逐步使英镑做到这一点。其四，英国是否真正决心成为欧洲的一部分？希思的回答也使蓬皮杜满意。于是英法双方迅速达成谅解，为英国加入共同体扫除了障碍。

经过协商，英国政府承诺冻结英镑差额。在农业问题上，英国对共同体预算分摊作出了让步，法国也在黄油问题上作出了让步。1972 年 1 月 22 日，英国、丹麦、爱尔兰和挪威在布鲁塞尔签署了加入欧洲经济共同体、欧洲原子能共同体和欧洲煤钢共同体的条约。过渡期为 5 年。条约于 1973 年 1 月 1 日正式生效。由于挪威举行公民投票不同意加入共同体，所以共同体这一次的扩大只包括了英国、丹麦和爱尔兰三国。

二 重新谈判与全民公决

1972 年 1 月 22 日，英国与爱尔兰和丹麦一起与共同体签订了加入的条约，次年 1 月 1 日条约生效，英国正式加入了欧共体。在这一时期，英国遭遇了一些困难。首先，1972 年 6 月，英镑浮动厉害，通货膨胀率上升。同年和第二年，英国爆发了矿工罢工。在国外，1973 年 10 月，埃及和以色列爆发了战争，使石油价格上涨了四倍，从每桶 3 美元上升到 11 美元—12 美元。此时，恰逢英国第二次矿工罢工，使经济形势雪上加霜。由于内外形势交困，在 1974 年 2 月的一次民意测验中，有 54% 的人认为欧共体应该为价格上涨负责，34%的人认为应该部分负责，58%的人认为英国加入欧共体是个错误。①

1974年2月28日，工党在大选中获胜。以哈罗德·威尔逊为首的工党大多数党员对英国加入共同体并无异议，但认为保守党从共同体获得的条件不够令人满意，尤其是英国的国际收支难以承受共同体预算摊款的负担，因此主张修改这些条件，不能按照保守党的条件加入。在工党内部，抵制欧洲的工党左翼对威尔逊的压力很大。在1972年10月的工党代表大会上，左翼提出的一项提案规定，工党一旦重新执政就应着手让英国退出共同体。威尔逊虽然成功地避免了对这项提案的表决，但是，他不得不保证就条约"重新进行谈判"。1973年，工党年会决定，如果工党上台，工党政府将就农业政策、预算摊款等问题重新与共同体谈判，然后举行全民投票决定英国是否留在共同体内。由于威尔逊仅以微弱多数取得竞选胜利，所以进行重新谈判，争取舆论支持对他而言十分重要。1974年4月1日，英国外交大臣詹姆斯·卡拉汉提出"重新就加入条约进行一次根本性的谈判"。共同体内其他八国希望英国继续留在共同体内，而且"重新谈判"涉及的主要不是修改条文本身而是审查条约的实际后果和应该实施的各项政策，因此八国决定体谅工党的国内困难，对英国这种近似讹诈的做法采取了宽容的态度。

1974年6月4日，重新谈判在卢森堡正式开始。重新谈判主要涉及的是共同农业政策的有关问题和财政安排问题，对工业和税收方面并没有提出任何要求，只是希望在将来协调增值税时不要对生活必需品课税。威尔逊要求对共同农业政策作出"重大修改"：制定价格时应更多地考虑到消费者的利益和避免造成过剩；应该减少干预的自动性；应该向最落后地区的农业生产者发放补贴。法国坚决捍卫共同农业政策的原则，但是同意联邦德国关于重新审查实施方式的要求。在给予英联邦国家优惠和发放地区补贴的问题上，各国也作出了让步。工党政府要求更好地捍卫英联邦的利益，尤其是要维护对英属安的列斯群岛食糖和新西兰奶制品的优惠制。1975年2月28日，共同体与46个非洲、加勒比和太平洋地区国家签订了《洛美协定》，使这些国家的几乎所有产品无须缴纳关税即可进入共同体。这其中包括21个前英属殖民地，英属安的列斯食糖问题得到了解决，共同体承诺每年以保证价格购

① See P. M. H. Bell, *France and Britain 1940 – 1994: the Long Separation*, London and New York: Longman, 1997, p. 227.

买140万吨食糖。关于新西兰奶制品，共同体也做出了让步。工党政府还要求建立欧洲地区发展基金，以便抵消英国在农业政策中的负担，这个要求也得到了满足。1975年，在没有制定真正的共同体地区政策的情况下，以试验为名建立了资金有限的地区基金，英国从中得到的比上缴的多得多。①但是，在降低共同农业政策的开支和费用问题上，英国毫无作为。

在财政安排问题上，威尔逊提出减少英国向共同体预算的摊款额。他认为，到1978年英国将向共同体预算缴纳占预算总额24%的摊款，得到的将只占预算总支出的10%，而英国国民生产总值将仅占共同体国民生产总值的14%（1974年时为19%），因此，应该改变这种不公平的状况。②法国和其他成员国指责英国索要“回扣”的做法与自有财源和共同预算的概念不相容，但由于这是英国所要求的主要内容和威尔逊获得国内支持的重要条件，其他八国在1974年12月的巴黎首脑会议上决定采取某种“矫正机制”向英国做出让步。最后共同体决定对“处境难以接受”的成员国建立一种补偿制度，所谓“处境难以接受”是指人均国民生产总值低于共同体平均数的85%；国民生产总值实际增长率低于共同体平均数的120%；向自有财源的缴纳高于按照国民生产总值在共同体国民生产总值中的比重计算应缴纳的110%，但补偿额不能超过当年预算开支的3%。这种财政机制在7年的试行阶段都适用。在1975年3月10日至11日举行的都柏林首脑会议上，威尔逊得到了进一步的保证：即使一国的国际收支有盈余（指的是北海石油），只要生活水平没有因此得到改善，它仍然可以得到补偿。③

哈罗德·威尔逊把重新谈判获得的让步看作是工党政府的胜利，但重新谈判并没有导致修改条约，也没有损害共同体已经取得的成果。事实上，威尔逊只希望通过“重新谈判”对1972年达成的加入协议做某些修改，他并不想全盘否定该协议，也不谋求对《罗马条约》进行重新谈判。因此，重新谈判“只是威尔逊主要基于国内严峻的政治经济形势为达到其国内政治目的而设计的一个策略手段，并不表明英国对欧共体的政策发生了根本的变化”，“从某种意义上讲，‘重新谈判’行动是旨在使英国人民以一种明确的和决定性的方式接受英国的欧共体成员资格的总体战略的一个组成部分”④。

① ［法］皮埃尔·热尔贝：《欧洲统一的历史与现实》，丁一凡等译，第343—344页。

② 同上书，第344页。

③ 同上书，第345页。

④ 赵怀普：《英国与欧洲一体化》，第181页。

“重新谈判”完成后，威尔逊即把注意力投向全民公决。首先是内阁以16比7的多数，赞同政府在全民公决中向人民建议投赞成票。然后英国议会也进行了辩论，结果以396票对172票的绝对优势获得通过。1975年6月5日举行的公民投票以67.2%的赞成票对32.8%的反对票支持英国继续留在共同体内。威尔逊把投票结果看做是一次完全的胜利，他后来承认：“在我担任工党领导人的13年中，没有比在这个问题上使党内保持一致更困难的任务了。”[①]英国加入共同体以公民投票的方式在国内获得了确认。

本章小结：

可以看出，无论是英国早期拒绝参加欧洲一体化还是后来选择加入共同体，都是从民族国家自身的利益出发。英国认为自身的利益在于大英帝国和与美国的特殊关系而非欧洲大陆，所以拒绝加入一体化进程。随着大英帝国的重要性降低和英美特殊关系的降温，欧洲对英国的重要性逐渐凸显。英国经济的不景气也促使其寻求与欧洲大陆的经济合作。英国决定申请加入共同体是出于对现实问题和现实利益的考虑。法国否决英国的加入，也是从自身的利益考虑的。戴高乐为了恢复法国在欧洲乃至世界的大国地位，宁可接纳西德这个法国宿敌，利用西德的战败国地位去争取法国在欧洲的领导地位，而不愿让英国这个传统大国加入进来威胁法国的地位。农业方面的差异也是法国拒绝英国的原因之一。这两个民族国家的矛盾与冲突，导致英国加入共同体的过程一波三折，使欧洲共同体的扩大整整推迟了10年之久。可见，民族国家在一体化进程中的作用举足轻重。

① Harold Wilson, *Final Term: The Labour Government, 1974 - 1976*, Michael Joseph, 1979, p. 51.

第五章　民族国家与欧洲联盟的决策

20世纪60年代到70年代，欧共体先后经历了“空椅子危机”、法国两次否决英国加入共同市场的申请、受美元危机影响欧洲货币不稳定等事件，共同体发展进入一个空前的困难时期。从60年代末到90年代初，共同体各国召开海牙会议、启动欧洲货币体系、建立欧洲理事会机制、发表《单一欧洲法令》、签署《欧洲联盟条约》，欧洲一体化逐步走向复兴之路。欧洲联盟是按照“柱形”模式建立的一个有三根支柱的联盟，第一根支柱是已有的三个共同体，即欧洲共同体（取代欧洲经济共同体）、欧洲煤钢共同体和欧洲原子能共同体。第一根支柱包括经济和货币联盟，明确了经货联盟的具体时间表，并正式设立一种“联盟公民资格”，以“加强对成员国国民权利与利益的保护”①。第二根支柱是共同外交与安全政策。第三根支柱是司法与内政事务的合作。共同体机构继续改革，赋予欧洲理事会“为联盟提供其发展所需的动力，并确定联盟的总体政治方针”②的作用，使之成为联盟的最高决策机构。从单一的煤钢共同体发展到共同市场和欧洲联盟，其决策机构和决策程序经历了逐步发展的过程。本章将考察欧盟决策的机构和程序的演变，并探讨民族国家在其中所起的作用。

第一节　欧洲联盟的决策机构

欧洲联盟具有复杂性和独特性，其性质很难界定。欧盟的决策机构比较多样化，决策程序比较复杂，欧盟委员会前主席雅克·德洛尔曾仿照“不明

---

① 戴炳然译《欧洲共同体条约集》，复旦大学出版社1993年版，第385页。

② 同上书，第386页。

飞行物”（UFO）的说法，把它称之为一种“不明政治物”（unidentified political object）。现在先来看一看这个“不明政治物”的决策机构。

一 欧洲联盟的机构演变

（一）《建立欧洲煤钢共同体条约》

1950 年 6 月 20 日，法国、德国、荷兰、比利时、卢森堡、意大利六国在巴黎开始欧洲煤钢共同体条约的谈判。1951 年 4 月 18 日，六国签订《建立欧洲煤钢共同体条约》，又称《巴黎条约》。1952 年 8 月 10 日，经过各国国内立法程序批准，该条约正式生效。

《建立欧洲煤钢共同体条约》（以下简称《条约》）对其宗旨、目标、机构、政策领域等一系列问题进行了详尽的规定，为欧洲一体化奠定了基本法律框架。《条约》指出：“共同体具有法人资格。在国际关系中，共同体享有行使其职能和实现其目标所需的法律资格。在各成员国内，共同体享有在该国设立的法人所享有的最广泛的法律资格，特别是可以取得或处置动产与不动产，以及成为法律诉讼的一方。”①

《条约》规定了欧洲煤钢共同体的四大基本机构，即高级机构、共同议会、特别部长理事会和欧洲法院。共同体设置了超国家机构——高级机构，超国家机构的设置使共同体具有不同于政府间国际组织的超国家性质。高级机构是共同体的执行机构，其成员“应具有不容置否的独立性”，“应为共同体的普遍利益，完全独立地履行其职责”，“应既不寻求也不接受来自任何政府或来自任何其他机构的指示”②。高级机构有权通过对煤钢生产征税和通过筹借贷款，取得执行其任务所需的资金。共同议会主要履行监督职能。特别部长理事会由成员国部长级代表组成，是共同体的立法和决策机构。欧洲法院的职能是保证在解释和实施《条约》以及为执行《条约》而制定规则时，法律能够得以遵守，它可以应成员国或高级机构的申请，宣布欧洲议会或部长理事会的法令无效，也可以宣布高级机构的决定或建议无效。此外，参加共同体的各个利益集团的代表组成了一个由部长理事会任命的咨询委员会，配属于高级机构。③

---

① 戴炳然译《欧洲共同体条约集》，第 3 页。

② 同上书，第 4—5 页。

③ 同上书，第 4—25 页。

从共同体的机构设置来看，共同体既有作为其执行机构的高级机构，又有作为立法机构的部长理事会、作为监督机构的欧洲议会和带有欧洲司法性质的欧洲法院。这种机构设置具有国家雏形的性质，也是煤钢共同体超国家性质的体现。

(二)《罗马条约》

1957年3月25日，法国、德国、荷兰、比利时、卢森堡、意大利六国在罗马正式签署了《建立欧洲经济共同体条约》和《建立欧洲原子能共同体条约》，即《罗马条约》。1958年1月1日，条约正式生效。

《罗马条约》的机构设置基本上是《建立欧洲煤钢共同体条约》的翻版。欧洲经济共同体和欧洲原子能共同体均设置了执行机构——委员会，与欧洲煤钢共同体的高级机构相比，委员会的职责规定得更为具体。条约规定：欧洲经济共同体“委员会应：保证本条约的规定和各机构遵循本条约规定而采取的措施得到实施；如本条约有明确规定或委员会认为有此必要，就本条约所涉及的事务，形成建议或发表意见；按本条约规定的方式，拥有它自己的决定权并参与形成由理事会和欧洲议会采取的措施；为实施理事会制订的法规而行使理事会授予它的权力”①。

决策机构仍是部长理事会，拥有制定共同政策、颁布法规和指令的权力。三个共同体共享一个咨询和评议机构——议会。1962年被正式命名为欧洲议会。它没有立法权。三个共同体共享一个仲裁机构——法院。负责解释《罗马条约》及共同体各机构颁布的法令与决议，裁决有关共同体成员国之间、各机构之间及各公司之间的纠纷。

欧洲煤钢共同体、欧洲经济共同体和欧洲原子能共同体各有其独立的条约和机构，但是共享欧洲议会和欧洲法院。60年代初，共同体六国开始进行三个共同体机构合并的谈判。1963年9月，欧洲经济共同体部长理事会通过了机构合并的原则。1965年4月8日，六国在布鲁塞尔签订了合并执行机构的条约。该条约于1967年7月1日正式生效，欧洲共同体宣告成立。根据合并条约，三个共同体建立了统一的部长理事会和委员会。

(三)《单一欧洲法令》

1985年12月，欧洲理事会在卢森堡召开会议，讨论通过了《单一欧洲

① 戴炳然译《欧洲共同体条约集》，第172页。

法令》，1986 年 2 月 17 日和 2 月 28 日，《单一欧洲法令》分别于卢森堡和海牙由包括西班牙和葡萄牙两个新成员国在内的 12 国签署，并于 1987 年 1 月 1 日正式生效。

在制度建构及其运作方面，《单一欧洲法令》有如下改革：

第一，引入合作程序。《单一欧洲法令》关于“修改《建立欧洲经济共同体条约》的条款”第 6 条规定：“一合作程序应予引入”，其主要内容为：将欧洲经济共同体条约第 7 条第 2 小节中，“经征询议会的意见”应以“与欧洲议会合作”取代；欧洲经济共同体条约第 49 条中“理事会应就委员会的提议并经征询经社委员会的意见”应以“理事会应就委员会的提议，与欧洲议会合作并经征询经社委员会的意见”取代；欧洲经济共同体条约第 54 条第 2 款中规定，“理事会应就委员会的提议并经征询经社委员会和议会的意见”，“理事会应就委员会的提议，与欧洲议会合作并经征询经社委员会的意见”[①]。

第二，设立初审法院。在“修改《建立欧洲经济共同体条约》的条款”第 168A 条中规定：“应法院的要求并经征询委员会和欧洲议会的意见，理事会可以以全体一致议决，给法院设立一附属法院，除仅在法律要点上尊重向法院上诉的权利和根据法院章程规定的条件，赋予它受理和初审由自然人或法人提出的某些类别诉讼的司法权。该法院无权受理和裁定由成员国或共同体机构提出的诉讼及根据第 177 条提请作初步裁决的问题。”[②]对另两个条约《建立欧洲煤钢共同体条约》和《建立欧洲原子能共同体条约》也做了同样的修改。

（四）《欧洲联盟条约》

1991 年 12 月，欧洲共同体在马斯特里赫特召开首脑会议，通过《欧洲联盟条约》。1992 年 2 月 7 日，12 个成员国在马斯特里赫特正式签署《欧洲联盟条约》，即《马斯特里赫特条约》，简称《马约》。1993 年 11 月 1 日，《马约》正式生效。

《马约》对共同体的制度框架进行了重大改革。

第一，根据《马约》建立了“欧洲联盟”，并把“欧洲经济共同体”改名为“欧洲共同体”。

---

① 戴炳然译《欧洲共同体条约集》，第 359 页。

② 同上书，第 362 页。第 177 条提请作初步裁决的问题指有关预算的问题——笔者注。

第二，建立了欧洲中央银行体系与欧洲中央银行。

第三，正式确定了欧洲理事会的职责和地位，即“欧洲理事会应为联盟提供其发展所需的动力，并确定联盟总体政治方针”①。

第四，引入了“共同决策程序”，扩大了欧洲议会的权力。条约确定了欧洲议会和部长理事会在迁徙自由、设业自由、提供服务的自由、教育、文化、卫生、消费者保护、环境保护、研究与发展计划、内部市场计划等方面拥有共同决策权。②

（五）《欧洲宪法条约》和《里斯本条约》

2000 年 12 月，欧盟各国在法国尼斯召开首脑会议，在欧盟委员会规模与构成、理事会投票权数、扩大特定多数表决制等方面达成了一致意见，为欧盟东扩提供了制度保证。2004 年欧盟正式扩大为 25 个成员国，各机构的成员数目都进行了调整：欧盟委员会 30 人，欧洲议会 732 人，欧洲理事会 25 人，欧盟理事会 25 人，地区委员会 344 人，经济与社会委员会 344 人，审计院 25 人，欧洲法院 25 人。

2001 年 12 月，在莱肯召开了欧洲理事会，欧盟的制宪进程正式启动。2004 年 10 月，欧盟各成员国首脑在罗马就《欧洲宪法条约》举行了正式签字仪式。宪法条约中规定了完善和改革现行组织结构的内容。但是在 2005 年，《欧洲宪法条约》先后在荷兰和法国遭到否决，制宪进程遭遇挫折。欧盟适时改变方式，采取了修改条约的方式而不是制宪的方式，实际上是“不以宪政化之名行宪政化之实”。由于不是采用制宪的形式，只是普通的修改条约形式，除爱尔兰外的其他国家均避免了全民公决的批准方式，都以议会表决的方式批准条约，所以更容易获得通过。2007 年 12 月，各成员国首脑在里斯本签署了《里斯本条约》（简称《里约》），随后条约在各国得到批准，并于 2009 年 12 月 1 日开始生效。

尽管《里斯本条约》从制宪上退了回来，重新走上了修改条约的老路，但该条约改善了欧盟的决策机制，完成了欧盟当前急需的一些改革。由于《欧洲宪法条约》中绝大多数条款的实质性内容都被纳入了《里斯本条约》，《里斯本条约》也包含了《欧洲宪法条约》中被视为带有宪法性质的关键因

---

① 戴炳然译《欧洲共同体条约集》，第 386 页。

② *Neill Nugent*, *The Government and Politics of the European Union* (3rd *Edition*), Durham, NC: Duke University Press, The MacMillan LTD, 1994, p. 321.

素，所以我把《欧洲宪法条约》和《里斯本条约》列在一起叙述。[①]在《欧洲宪法条约》和《里斯本条约》之后，欧盟的决策机构有如下一些变动：

第一，改变过去不把欧洲理事会列为欧共体、欧盟组织框架内一个主要机关，甚至不将它视作正式机构的做法，明确将欧洲理事会列为欧盟的一级机构。欧洲理事会将推选一位常设的专职主席来主持工作。主席对外代表欧盟，实际上赋予其某种欧盟元首的功能。主席的任期为30个月即两年半时间，且是专职，在规划和推动一体化发展上或许可以更有作为，但其并未授权获得进行任何行政决策的权力。

第二，负责欧盟外交与安全政策的高级代表，同时也是欧盟委员会副主席，将兼具目前的高级代表与对外关系委员二者的职能。但高级代表的职权仅限于执行政策，其重要职责是在国际事务中代表欧盟。

第三，欧盟委员会主席将在欧洲理事会提议的基础上，由欧洲议会选举产生。

第四，将修改轮值主席国制度，由来自三个成员国的代表共同主持部门性理事会会议，为期18个月。在部长理事会中，突出了由各国外交部长组成的“总务理事会”（Gerneral Affairs Council）的功能，它将保证其他理事会工作的一致性，并协同欧洲理事会主席与委员会主席筹备欧洲理事会会议和保证其决议的贯彻。

第五，分立出统筹共同外交与安全政策的外长理事会。与其他部长理事会不同的是，它将由专职的欧盟负责外交事务与安全政策的高级代表主持。

第六，欧共体的法院被正式冠以“欧盟法院”（Thc Court of Justice of the European Union）之名。它包括“欧洲法院”（Court of Justice）、“普通法院”（General Court，原来的“初审法院”）和“专门法院”（Specialized Courts）。这三种类型的司法机关是梯级结构，普通法院是专门法院的上诉法院，欧洲法院又是普通法院的上诉法院和整个欧盟法院的终审法院。这种结构旨在构建欧盟内部明晰的司法体系。此外，在涉及欧盟司法及内部事务立法的案例方面，欧洲法院被授予了更大的裁决权。

第七，欧洲中央银行也被定为欧盟的一级机构，突出了它在制定和执行

---

① 参见曾令良《欧洲联盟法总论——以《欧洲宪法条约》为新视角》，武汉大学出版社2007年版，第244—247页；戴炳然：《解读〈里斯本条约〉》，《欧洲研究》2008年第2期，第53—61页；［荷］托马斯·克里斯滕森，《2000年以来的欧盟条约改革进程——欧洲联盟宪政化进程中的曲折起伏》，田鹏、任可新译，《欧洲研究》2011年第1期，第133—142页。

欧盟货币政策上的独立地位和作用。

第八，在欧盟的咨询机构中，除了原有的经社委员会和地区委员会，又增加了欧洲投资银行。

二 欧洲联盟的机构

经《欧洲联盟条约》修改的《建立欧洲共同体条约》第 4 条规定："托付于共同体的任务，由下述机构执行：一欧洲议会；一理事会；一委员会；一法院；一审计院。""理事会与委员会由以顾问资格行事的一经济与社会委员会（以下称'经社委员会'）和一地区委员会协助。"①

（一）欧洲议会

欧洲议会代表成员国人民。欧洲议会最初称共同议会，由各国议员组成。从 1979 年开始，欧洲议会的议员直接选举产生。欧洲议会现有 785 名议员，议员任期为 5 年，《里斯本条约》规定以后将减少到不超过 750 名议员。

欧洲议会的秘书处设在卢森堡，政党会议和专门委员会会议在布鲁塞尔举行，而全体大会却在斯特拉斯堡召开。欧洲议会的工作大多数情况下以政党组织和专门委员会的方式进行。欧洲议会的议员背景各不相同，一些议员是各国的政治家，一些议员有不同的专业经验，少数议员以欧洲议会作为其职业的开端。欧洲议会的议员按照共同体范围内的政党派别组织成不同的政党组织，其中最重要的是欧洲人民党和欧洲社会党。欧洲议会的许多工作由议会的专门委员会执行。

在早期，欧洲议会在政策过程中的作用十分有限，主要拥有监督和咨询性质的权力。20 世纪 70 年代，欧洲议会获得了决定欧盟预算的重要权力。共同体预算分两个部分：第一，强制性预算，如共同体在农业方面的支出；第二，非强制性预算。对于非强制性预算，欧洲议会可以修改，但是对于强制性预算，欧洲议会只能提出很小的改动。②可见，在长期占据共同体大部分支出比例的共同农业政策的开支上，欧洲议会并没有多大的决定权。80 年代和 90 年代，欧洲议会由于《单一欧洲法令》和《欧洲联盟条约》加强了权力。委员会有义务书面或口头回答欧洲议会议员提出的问题。委员会还必须

---

① 戴炳然译《欧洲共同体条约集》，第 69 页。

② ［英］弗兰西斯·斯奈德：《欧洲联盟法概论》，宋英编译，北京大学出版社 1996 年版，第 35 页。

向欧洲议会提交一份年度报告，供议会公开辩论。欧洲议会可以对委员会的行为投不信任票，进行弹劾，迫使委员会集体辞职。欧洲议会可以建立临时性的调查委员会，调查在实施共同体法中受指控的违法或失职行为，但正由法院审理的受指控事实和仍在法律诉讼中的案件不在其列。任何联盟公民和在成员国居住或拥有注册办事处的任何自然人或法人，有权就属于共同体范围内并直接影响他的事务，向欧洲议会递交请愿。①

欧洲议会在欧洲共同体立法过程中的作用也越来越重要。《单一欧洲法令》增加了合作立法程序，成为现在《建立欧洲共同体条约》第189c条。根据第189c条的规定，理事会应就委员会的提议听取得欧洲议会的意见，以特定多数议决达成共同立场。欧洲议会可以在3个月内，以其成员的绝对多数修改或拒绝理事会的共同立场。在欧洲议会拒绝理事会的共同立场时，理事会须以全体一致同意进行二读议决。《马约》第189b条又增加了欧洲议会与理事会的共同决策程序，适用于绝大多数关于内部市场的立法。该条规定，理事会和议会可在一读时同意一个提案。如果在二读时意见不一致，议会可以成员的绝对多数拒绝提案。提案失败，或者议会以成员的绝对多数修改理事会的共同立场，此时理事会可以召集调解委员会会议。调解的结果必须在三读时被理事会以特定多数议决和欧洲议会以投票数的绝对多数同意。如果其中一个机构不同意，则提案失败。合作程序和共同决策程序的创立，扩大了议会的立法权力。②

《里斯本条约》进一步巩固和提升了欧洲议会在欧盟治理结构中的地位和作用。条约明确地规定欧洲议会“应与理事会一起共同行使立法和预算职能”，并将欧洲议会的其他职能，如“政治控制”、“协商”和“选举欧盟委员会主席”等，置于其“立法和预算”职能之后。

（二）欧洲联盟理事会

欧洲联盟理事会代表成员国的利益。理事会由各成员国授权代表其政府的1名部长级代表组成。理事会成员通常是成员国政府的在职部长，代表各自的政府行事。成员国政府根据会议所讨论事项的性质委派政府中相应的成员与会，如成员国的农业部长们组成农业理事会，财政部长组成经济与财政

---

① 戴炳然译《欧洲共同体条约集》，第166—170页。

② 同上书，第184—187页；另参见Helen Wallace and William Wallace (ed.): Policy - Making in the European Union (4th Edition), Oxford: Oxford University Press, 2000, p. 22.

部长理事会，一般事务理事会由外交部长组成。理事会主席任期 6 个月，由理事会中的各成员国轮流担任。理事会总部设在布鲁塞尔。

《建立欧洲共同体条约》第 145 条规定了理事会的权力：

——保证成员国总经济政策的协调；

——拥有作出决定的权力；

——在理事会通过的法令中，授权委员会实施由理事会制订的规定。理事会可以就这些权力的行使规定某些要求。在特定的场合，理事会也可以保留由其本身直接行使实施权。①

理事会是欧洲共同体的主要立法机关。理事会可以要求委员会对理事会认为有益于实现共同体目标的任何问题进行研究，并且对理事会提出适当的建议。理事会需要向欧洲议会咨询或与欧洲议会合作共同作出决定。除《条约》另有规定外，理事会以其成员的多数议决。凡理事会需要以特定多数议决的场合，其成员的票数按下述方式加权：德、法、意、英各 10 票；西班牙 8 票；比利时、希腊、荷兰、葡萄牙各 5 票；奥地利和瑞典各 4 票；丹麦、爱尔兰、芬兰各 3 票；卢森堡 2 票。总票数为 87 票，特定多数为 62 票，少数否决为 26 票。在一些特定情况下，特定多数票的 62 票中必须至少包括 10 个成员国。

理事会的部长会议由各委员会的各国官员和理事会的工作团体准备。其中常驻代表委员会（Coreper）是与理事会关系密切的重要机构。常驻代表委员会由成员国常驻欧洲共同体的大使（Coreper II）和大使的代表（Coreper I）组成，至少每周会晤 1 次，同意理事会的日程，找出需要部长们讨论和批准的问题。在一些其他的政策领域（贸易政策、农业、经货、司法与内政、外交与安全）各国官员的高级委员会为部长级会晤做准备；他们常常充当主要的决策者。

常驻代表的任务就是跟踪在理事会谈判的主要议题，与欧盟其他机构保持联系，并与各国的首都保持密切联系。大约 150 个工作团体负责具体的政策谈判工作。他们的成员来自常驻代表或各国首都。大约 70% 的理事会文件在工作团体达成一致，另外 10%—15% 在常驻代表委员会或其他高级委员会完成，余下 10%—15% 给部长们自己去做。这个比例接近于各国政府的正常工作。②

---

① 戴炳然译《欧洲共同体条约集》，第 170 页。

② Helen Wallace and William Wallace (ed.): *Policy-Making in the European Union* (4th *Edition*), Ibid., 2000, p. 18.

各国政府与理事会平行工作。各国官员追踪每个层面的理事会讨论和每个领域的理事会辩论，为部长的立场做准备，协调各国的立场。

理事会主席国在其成员国政府之间每6个月轮换1次。主席国主持部长和官员的所有会议。在与其他欧盟机构和外部合作者讨论时，主席国代表理事会说话。如对外谈判时，理事会和委员会需要密切合作。而在立法领域，理事会和欧洲议会对于立法修正案需要调解观点。有时理事会主席国成为主要的协调者。

（三）欧洲联盟委员会

委员会代表欧洲共同体超国家的利益。在欧盟的机构体系中，委员会既是秘书处，又是首要的执行机构。委员会集体行使其责任。2004年尼斯峰会达成一致意见，即从2005年1月开始，所有成员国只有一名委员，当欧盟成员国超过27个时，委员的人数将少于成员国的数量。形成《里斯本条约》的政府间会议决定，从2014年起，委员的数量将减少到2/3成员国的数量。但是，为了爱尔兰在2009年对《里斯本条约》进行第二次全民公决时获得顺利通过，欧洲理事会把这个决定从《里斯本条约》中删去了。因此，现在仍然保持了“一个国家一个委员”的状况，委员会由27个欧盟国家的27个人组成。他们以个人的能力当选，应为共同体的普遍利益，完全独立地履行其职责。在履行其职责时，应该既不寻求也不接受来自任何政府或来自任何其他机构的指示。

成员国政府在征询欧洲议会的意见后，以共同协议提名他们打算任命为委员会主席的人选。成员国政府与主席候选人磋商后，提名他们打算任命为委员会成员的其他人选。委员会主席与其他成员，应作为一个集体经欧洲议会表决同意。欧洲议会同意后，委员会主席与其他成员由成员国政府以共同协议任命。委员会成员任期5年，可以再任。委员会对欧洲议会负责，后者有权以2/3票数对委员会集体表示不信任。

《建立欧洲共同体条约》规定，为保证共同市场的正常运行和发展，委员会应：

——保证本条约的规定和各机构遵循本条约规定而采取的措施得到实施；

——如本条约有明确规定或委员会认为有此必要，就本条约所涉及的事务，形成建议或发表意见；

——按本条约规定的方式，拥有它自己的决定权并参与形成由理事会和

欧洲议会采取的措施;

——为实施理事会制定的法规而行使理事会授予它的权力。①

委员会由总司组成,每个总司负责一个主要的政策行动领域。表 5—1 显示出到 1999 年 7 月为止委员会机构的结构。各总司的工作人员构成欧洲公务员队伍,大多在各成员国招聘,辅之以各国的专家和临时工作人员。

表 5—1 **欧盟委员会的机构 (1999 年 7 月)②**

总司	政策领域
总司 I	对外关系:贸易政策及与大多数发达国家的关系
总司 IA	对外关系:欧洲与独联体,以及共同外交与安全政策 (CFSP)
总司 IB	对外关系:地中海、中东和拉美
总司 II	经济与金融事务
总司 III	工业
总司 IV	竞争
总司 V	就业、劳资关系和社会事务
总司 VI	农业
总司 VII	运输
总司 VIII	开发 (与共同体援助共同服务)
总司 IX	人力与行政
总司 X	信息、通信、文化与视听
总司 XI	环境、核安全与公民保护
总司 XII	科学、研究与开发 (与共同研究中心)
总司 XIII	远程通信、信息市场和研究利用
总司 XIV	渔业
总司 XV	内部市场与金融服务
总司 XVI	地区政策与聚合
总司 XVII	能源
总司 XIX	预算

① 戴炳然译《欧洲共同体条约集》,第 172 页。

② Helen Wallace and William Wallace (ed.): *Policy – Making in the European Union* (4th *Edition*), Ibid., p. 13.

续表

总司	政策领域
总司 XX	财政控制
总司 XXI	税收和关税同盟
总司 XXII	教育、培训与青年
总司 XXIII	企业政策、贸易分配、旅游和合作社
总司 XXIV	消费者政策和保健

可见，委员会的主要权力是提案权和执行权。在许多政策领域，委员会的作用不大。委员会有大约 2 万工作人员，对于发展和执行 27 个国家的政策的机构来说，委员会只是一个小机构。

（四）欧洲法院

《欧洲宪法条约》改革了欧盟的司法体制，首次采用了“欧盟法院”的名称，欧洲联盟法院由欧洲法院、普通法院和专门法院组成。法院结构的调整其用意是充实法院，弥补其人手不足和加速案件的审理过程。初审法院也是后建的。由于欧洲法院的案件数量与日俱增，造成案件大量积压，为了解决这一问题，《单一欧洲法令》决定设立一个管辖权有限的初审法院，配属于欧洲法院，受理和初审某些类别的案件或诉讼。初审法院的管辖权包括：基于《建立欧洲共同体条约》和《建立欧洲原子能共同体条约》的雇员案件、基于《建立欧洲煤钢共同体条约》煤炭和钢铁企业提出的诉讼和企业根据《建立欧洲共同体条约》提出的关于实施适用于企业的竞争规则的诉讼、关于倾销的案件。[①] 欧洲法院和初审法院设在卢森堡。欧洲法院由每个成员国派一名法官组成。法院还有公设律师（Advocates - Gerneral）来协助法官的工作。法官和公设律师从具有不容置疑的独立性及具备在各自国家担任最高司法职务所需资格或具备公认法学才能的人士中挑选，由成员国政府共同协议任命，任期 6 年，每 3 年补选一次。法官和公设律师可以连选连任。法院院长从法官中选举产生，任期 3 年，可连选连任。初审法院成员的挑选与任期等与欧洲法院的法官相似。

《建立欧洲共同体条约》规定，欧洲法院的职责是保证“在解释和实施本条约时法律得到遵守”[②]。欧洲法院的管辖权主要有三个方面：第一是作出

① ［英］弗兰西斯·斯奈德：《欧洲联盟法概论》，宋英编译，第 39 页。

② 戴炳然译：《欧洲共同体条约集》，第 175 页。

初步裁决的权力，包括对《条约》的解释、共同体机构与欧洲中央银行法令的有效性与解释、理事会法令所设机构的章程的解释。第二是受理委员会或一个成员国对另一个成员国违反《条约》义务提起的诉讼。第三是受理对共同体机构提起的诉讼，包括宣布共同体法案无效和雇员案件，等等。

欧洲法院可以由全庭或分庭审理案件，分庭由 3 名或 5 名法官组成。当一个案件是由成员国或共同体机构提起时，必须由全庭审理。公设律师的职责是对法院受理的案件发表公正、不偏不倚并具有详细论证的意见。法院通常会采纳公设律师的意见。①

（五）审计院

审计院是根据 1975 年《预算条约》设立的。《建立欧洲共同体条约》规定，审计院审核共同体的全部收入与支出账目。由共同体建立的一切机构的全部收入与支出账目，只要其组织章程不排斥，也由审计院审核。审计院应审核所有的收入是否收讫，所有的支出是否合法和正常，以及财务管理是否健全。②它有权要求成员国有关机关提供完成其任务所需的一切文件和资料。在每一个财政年度结束时，审计院需要发表一份年度报告。此外，它还可以就某些具体事项发表专门的报告。审计院也设在卢森堡，其成员从各自国家中属于或曾属于外部审计机构或从特别有资格担任此职务的人士中选任。他们必须具有不容置疑的独立性。审计院审计长由成员之中选出，任期 3 年，可连选连任。

（六）欧洲联盟的其他机构

欧盟还有一些重要的机构。

其一是欧洲理事会。欧洲理事会最初是国家或政府首脑的“高峰”会议。从 1974 年开始，在当时法国总统吉斯卡尔·德斯坦的推动下，欧洲理事会固定下来，一年至少召开两次会议。《欧洲联盟条约》进一步确认欧洲理事会的作用是“应为联盟提供其发展所需的动力，并确定联盟的总体政治方针”③。

多年来，欧洲理事会的作用已经变化。最初被设计成非正式的“炉边谈话”，在 20 世纪 70—80 年代，欧洲理事会成为一个论坛，解决部长们不能

① ［英］弗兰西斯·斯奈德：《欧洲联盟法概论》，宋英编译，第 38 页。

② 戴炳然译：《欧洲共同体条约集》，第 182—183 页。

③ 同上书，第 386 页。

达成一致的问题，或成员国不一致的问题。如 1975 年英国申请加入欧共体的重新谈判、1973 年以来有关欧洲议会直接选举的决定、1979 年欧洲货币体系的成立以及 1980 年以来有关英国预算摊款额的决定都由欧洲理事会作出决定，给共同体的机构发布指示。从 1985 年关于《单一欧洲法令》的谈判开始，欧洲理事会成为决定条约改革的关键论坛。从 80 年代末开始，欧洲理事会日益成为处理欧盟“创造历史的决定”的聚会地，也就是处理与欧盟核心的新任务相关的大的、更有战略性的问题，和那些作为集体行动舞台的确定其“身份认同”的问题。

欧洲理事会在共同体事务上起着举足轻重的作用，共同体重要的政治、经济问题是它的主要议题。它实际上成为欧盟重要的决策者，但它长期在正式的欧盟机构框架之外。《里斯本条约》之后，欧盟才改变原来的做法，明确将欧洲理事会列为欧盟的一级机构。

其二是欧洲中央银行体系与欧洲中央银行。根据《欧洲联盟条约》设立的欧洲中央银行体系与欧洲中央银行是共同体的新机构。欧洲中央银行体系由欧洲中央银行与各成员国中央银行组成。欧洲中央银行体系的首要目标是保持价格稳定。其基本任务是：

——确定和实施共同体的货币政策；

——进行与本条约第 109 条规定相符的外汇业务；

——拥有和管理成员国的官方外汇储备；

——促进支付系统的顺利运行。①

《里斯本条约》之后，欧洲中央银行也被定为欧盟的一级机构。

其三是经济与社会委员会和地区委员会。经济与社会委员会是一个咨询性的机构，由各类经济与社会活动的代表，尤其是生产者、农场主、运输承办人、工人、商人、手工业者及自由职业者的代表与公众的代表组成。经社委员会委员任期 4 年，以个人的能力当选。地区委员会由地区与地方机构的代表组成，具有咨询的性质。

其四是欧洲投资银行。它是一个长期贷款银行，同时也是欧洲地区发展银行。欧洲投资银行的任务是对共同市场的平衡与稳步发展作出贡献。为此，该银行对下述项目的集资提供方便：开发不发达地区的项目；共同市场逐步建立所要求的企业现代化或转产项目或开发新活动的项目，而由于其规

---

① 戴炳然译：《欧洲共同体条约集》，第 236—237 页。

模或性质由个别成员国为之集资有困难的；对几个成员国具有共同利益的项目，而由于其规模或性质由个别成员国为之集资有困难的。①银行总部设在卢森堡。

从欧洲联盟的机构来看，它最重要的决策机构即欧盟理事会和欧洲理事会都代表各成员国，因而都带有强烈的国家色彩，而非超国家色彩。而超国家机构即欧盟委员会和欧洲议会的权力却有限，与民族国家的政府和议会相比，相去甚远，民族国家在欧盟机构设置中的地位和作用仍然十分重要。但是，欧洲议会的立法权却有加强的趋势，尤其在《里斯本条约》之后，这个趋势十分明显，下一节在谈到决策过程和决策特点时将对此加以说明。

第二节　欧洲联盟的决策程序和决策特点

由于欧盟历史上最大规模的东扩一步步实现，欧盟自开始打算东扩起，就一直在进行机构调整，现在机构调整仍在进行之中，一些措施将在今后几年陆续实行，客观上存在一定的变数，因此，在分析欧盟的机构和决策时，仍以《里斯本条约》生效前为主，当然会对生效后的情况有所提及和分析。

一　欧盟的立法与决策

(一) 欧洲联盟的法律渊源与立法种类

欧洲联盟的法律有三个渊源：第一，欧洲共同体或成员国通过的法律。第二，欧洲法院确认的一般法律原则。第三，与非共同体成员国（也就是所谓的“第三国”）签订的国际条约。

成员国通过的法律包括三个部分：第一，成员国为建立欧洲联盟签订的一系列条约，如《建立欧洲煤钢共同体条约》、《建立欧洲共同体条约》、《建立欧洲原子能共同体条约》、《关于欧洲共同体某些共同机构的条约》、《合并条约》、《预算条约》、《加入条约》、《单一欧洲法令》和《欧洲联盟条约》等。第二，一些补充性的公约，如《关于民事和商事判决的管辖和执行的公约》(1968年)（又称《布鲁塞尔公约》)。第三，成员国代表在理事会里不是以理事会成员的名义，而是以各成员国政府部长的名义通过的法律。

① 戴炳然译：《欧洲共同体条约集》，第192页。

欧洲法院发表的一系列判决确认了一些重要的一般法律原则。它们大多从成员国国内法或共同体的条约中来。这些原则包括相称原则、合法期望权益原则、基本人权原则和平等原则等。欧洲法院把共同体与第三国签订的条约当作共同体法不可分割的部分予以适用。如《关贸总协定》、《洛美公约》等。①

关于欧盟的立法种类，《建立欧洲共同体条约》第189条规定，为执行其任务并遵循本条约的规定，欧洲议会（与理事会共同行事）、理事会与委员会应制定条例（regulation）、发布指令（directive）、做出决定（decision）、提出建议（recommendation）或发表意见（opinion）。条例、指令和决定是具有法律约束力的形式，而建议和意见没有法律约束力。

条例具有普遍适用性，它具有完整的约束力，并在所有成员国直接适用。与条例相关的条款规定通常比较笼统和抽象，一经制定，立即生效，不需要也不允许再由国内立法机关转化为成员国国内法。

指令在要取得的结果上对它所发向的成员国具有约束力，但在方式与方法的选择上留待各国当局决定。有关成员国必须把指令转化成国内法，但是在一定的条件下以何种方式或方法进行转化，成员国有权选择。对于复杂的政策问题，通常倾向于选择指令的形式。

决定对它所发向的各方具有完整的约束力。决定的对象可能是成员国，也可能是企业。

建议和意见不具有约束力。②

（二）欧洲联盟的立法程序

欧洲联盟的立法程序分为两类，第一类是理事会为立法者；第二类是委员会为立法者。以《建立欧洲经济共同体条约》的立法程序为例，予以说明。在理事会为立法者的程序中，由于欧洲议会的参与程度不同，可以分为四种情况：

第一，咨询程序。理事会在委员会提出建议后，需要征询欧洲议会和经社委员会的意见后，才可作出决定。

第二，合作程序。合作程序是由《单一欧洲法令》增加的程序，在经

① ［英］弗兰西斯·斯奈德：《欧洲联盟法概论》，宋英编译，第43—44页。

② 戴炳然译《欧洲共同体条约集》，第184页；又见［英］弗兰西斯·斯奈德《欧洲联盟法概论》，宋英编译，第45—46页；［德］贝娅特·科勒－科赫等《欧洲一体化与欧盟治理》，顾俊礼等译，中国社会科学出版社2004年版，第119页。

《欧洲联盟条约》修改后的《建立欧洲共同体条约》中，第 189c 条对合作程序作了规定。理事会在收到委员会的提议后，听取欧洲议会的意见，达成理事会的共同立场。欧洲议会可以赞同共同立场，也可以以其成员的绝对多数对共同立场提出修正案，还可以拒绝共同立场。在欧洲议会拒绝的情况下，理事会就二读以全体一致进行议决。委员会对欧洲议会的修正案，可以接受，也可以不接受。如果委员会接受议会的修改意见，修改后的建议再次提交理事会，理事会只有在一致同意的条件下，才可以更改委员会提出的建议。在合作程序中，欧洲议会在立法过程之中拥有了更大的权力。

第三，共同决策程序。该程序由《欧洲联盟条约》创建，《建立欧洲共同体条约》第 189b 条对此作出了规定。如果欧洲议会对理事会的共同立场提出修改意见，而理事会在二读时又不同意议会的意见，则理事会主席立即召集调解委员会会议。调解委员会由理事会成员或其代表与相同人数的欧洲议会代表组成，其任务是拟定出一个共同文本。如果不能达成共同文本，则法令未获通过，除非理事会以特定多数议决，在调解程序开始前达成的共同立场与欧洲议会的修正案一致。在共同决策程序中，欧洲议会可以发挥更大的作用。

第四，赞同程序。赞同程序最初由《单一欧洲法令》建立，它规定某些种类的决定必须取得欧洲议会赞同。赞同程序不允许欧洲议会提出修正案。

四种立法程序的适用范围如下所示：

欧盟决策四种立法程序的适用范围①（在部长理事会适用特定多数议决制，除非 * 表明要求一致同意）如表 5—2 至表 5—5 所示。

表 5—2　　**咨询程序**

EC 条约条款	政策适用范围
8b *	在市政选举和欧洲议会选举中的参加投票和作为候选人
8e *	联盟的公民资格——增强条约的条款（需要成员国的批准）
43	农业
54	设业自由——制定总规划
56	设业自由——采取措施

① Neill Nugent, *The Government and Politics of the European Union* (3rd *Edition*), Durham, NC: Duke University Press, The MacMillan LTD, 1994, pp. 319—322.

续表

EC条约条款	政策适用范围
57 *	自我雇佣人员——管辖有关行业的法律
75 *	运输（只有当实施规定“有可能严重影响某些地区的生活水平与就业，并严重影响运输设施的运营”时）
87	实施竞争原则
94	实施国家援助规则
99 *	间接税
100 *	使直接影响“共同市场建立与运行”的法律趋于一致（实际上，本条款不适用于税务规定和与人员自由流动有关的那些规定，也不适用于与就业人员的权利与利益有关的那些规定。也见共同决策程序，第100a条）
100c	非成员国国民的签证；（1995年12月31日前要一致同意；此后特定多数议决）（第318页）
104—109	EMU的不同方面和向EMU过渡（一致同意和特定多数混合议决制）
130 *	工业
130b *	在结构基金框架之外的经济和社会聚合
130i	研究与技术发展——通过专项计划
130o *	研究与技术发展——共同参与项目的建立
130s *	环境保护——财政性规定，有关城乡规划的措施，有关能源和能源供应的措施
201 *	共同体的自有财源（需要成员国的批准）
209 *	制订财务条款
228	某些类型的国际协定（一致同意和特定多数混合议决制）
235 *	这是著名（臭名昭著）的“一把抓”（catch-all）条款。如果“在共同市场的运行过程中，共同体行动确系实现一共同据目标所不可少，而本条约又没有给予必要的权力”，它赋予理事会采取“适当措施”的权力

表5—3　**合作程序（第189c条程序）**

EC条约条款	政策适用范围
6	以国籍为依据的歧视
75	共同运输政策
103—105	EMU的不同方面和向EMU过渡
118a	工人的健康与安全
125	欧洲社会基金——实施决定
127	职业培训——实施决定
129d	跨欧洲的网络——实施决定

续表

EC条约条款	政策适用范围
130e	欧洲地区发展基金——执行决定
130o	研究与技术发展——项目的实施
130s	环境保护——采取行动实现《欧洲联盟条约》中提出的目标，及实施总体行动计划
130w	发展合作——采取措施促进《欧洲联盟条约》提出的目标

表5—4 共同决策程序（第189b条程序）

EC条约条款	政策适用范围
49	工人的自由流动
54	设业自由——制订总规划
55	设业自由——外国国民特殊对待
57	相互承认正式资格
57	自我雇佣人员
100a	为完成内部市场的协调措施
100b	影响内部市场运作的国内法
126	教育、职业培训与青年（仅包括激励措施）
128*	文化
129	公共卫生（仅包括激励措施）
129a	消费者保护
129d	跨欧洲的网络——指导方针
130*	研究与技术发展——实施多年性总体规划
130s	环境保护——实施总体行动计划

表5—5 赞同程序

EC条约条款	政策适用范围
8a*	联盟的公民资格——有权在各成员国的领土内自由迁徙和居住
105*	欧洲中央银行的监督任务
106	修改欧洲中央银行体系的法令
130d*	结构基金——确定任务、优先目标与组织，和总原则。聚合基金的建立
138*	在所有成员国根据统一的程序选举欧洲议会（不得对各国批准程序有成见）
228	与非成员国的某些协议——联系协议；合作协议；有重要预算意义的协议；修改条款189b程序通过的法令的协议（一致同意和特定多数混合议决制）

第二类立法程序是委员会为立法者时的情况。包括两种情况：第一是《建立欧洲经济共同体条约》规定委员会具有原始的立法权力，即委员会可以就成员国的国有企业和具有特殊及专属权力的企业的问题向成员国发布指令或决定。第二是委员会根据理事会的授权进行立法。规定设立咨询、管理和法规三个专门委员会协助委员会行使授权权力。

欧盟的治理结构在当今国际体制中可谓自成一类。欧盟不同于一般国际组织的治理结构，它的机构行使着成员国转让的主权权力；它也不同于现代议会民主国家的组织构架，其立法权和执行职能之间不可能清晰地进行权力划分。欧盟的立法权是理事会、委员会和欧洲议会分享，而委员会和其他一些辅助机构（如地方委员会、经济与社会委员会等）也参与其中。欧盟的执行权能，绝大部分由委员会掌管，但是通常是在理事会的授权下进行，后者又通过设立专门委员会的方式进行控制。在共同外交与安全政策领域和警察与刑事司法合作领域，欧盟层面的执行权主要由理事会拥有。更重要的是，欧盟机构执行权的有效行使在很大程度上有赖于欧盟机构与成员国之间的积极合作。在欧盟的治理结构中，不存在单一的立法机关和单一的执行机关。①

（三）欧盟政策过程中民族国家的作用

政府有很多机会来说服、影响和对委员会施加压力。正式的机会包括就所有事情向委员会提供建议的专家团、委员会用以实施其许多执行功能的管理和管制委员会、在部长理事会体制内的从工作团体层次往上的委员会参加的大量会议。非正式的机会从部长给委员的电话，到工作团体代表午餐会见委员会官员，等等。②在欧盟的政策过程中，民族国家有较大的影响力。

第一，在欧盟政策立法的过程上，民族国家起了较大的作用。在民族国家，议会是主要的立法机关。而欧盟的主要立法机构不是欧洲议会，而是欧盟理事会和委员会，其中理事会的立法功能最关键，委员会的立法主要是技术性的。欧洲议会的立法功能有加强的趋势，但作用仍然有限。因此，在欧盟的立法过程中，是代表各民族国家利益的理事会，而不是代表欧盟利益的相关机构占据主导地位。

第二，在执行政策的机构上，民族国家也起了较大的作用。民族国家的

---

① Jo Shaw, *Law of the European Union*, *Second Edition*, Macmillan, 1996, p. 107. 参见曾令良《欧洲联盟法总论——以〈欧洲宪法条约〉为新视角》，武汉大学出版社2007年版，第188—189页。

② Neill Nugent, The Government and Politics of the European Union (3rd Edition), p. 412.

主要执行机构是中央政府和地方政府，而欧盟是由欧盟委员会和成员国政府来分担执行的职责。委员会负责协调和监督，而成员国政府承担具体的执行工作。成员国政府在执行中占据了非常重要的地位。由于成员国政府成为执行的主体之一，很容易由于国家利益和政策偏好而在一定程度上影响政策的执行。政策主体即各成员国政府对政策的理解不同，很容易发生“政策损耗”现象，造成政策执行不到位或者在不同的成员国执行力度不同。

二　欧盟的决策特点

综合以上欧盟的组织机构与立法程序，可以看出：

欧盟决策的行为体多样化，决策程序复杂。欧盟的立法机构有理事会和委员会，决策机构主要是理事会和欧洲理事会。在执行政策中，委员会和成员国政府都参与其中。欧洲议会在相当长的时间内只是一个咨询和监督机构，但是最近它在立法中的地位有所改善。欧盟的立法、决策和执行行为体如此之多，如此多样化，本身就使欧盟的决策必然趋于复杂化。前面提到，由于欧洲议会的参与程度不同，在理事会立法的程序中，可分为四种情况，即咨询程序、合作程序、共同决策程序和赞同程序，每种程序都有一套规定，这也使欧盟的决策复杂化。

具体地说，欧盟的决策有如下一些特点：

第一，欧盟的主要立法机构仍是理事会，欧盟委员会的立法功能是很有限的，欧洲议会在立法中的作用虽然得到了增强，但其仍无法撼动理事会在立法中的地位。

从上文提到的委员会立法的两种情况可以看出，委员会立法多是行政性的，技术性多于政治性。实际上，委员会立法多数都是对现存立法的更新、应用或修订——通常在对外贸易或共同农业政策领域。结果是，在立法时，委员会立法所要求的复议和讨论通常比理事会立法所要求的复议和讨论更少。委员会在立法前，常常仅有委员会的有关官员参与讨论，也许由一个管理或法规委员会里的各国官员讨论。而理事会立法，由于其范围更广大，通常要求上面提到的一种立法程序而成为代表会议的议题，承受许多利益集团的压力，被欧洲议会（EP）和经社委员会（ESC）评估，在各国首都和布鲁塞尔的理事会论坛被详细讨论。[1]委员会立法的范围、重要性都无法与理事会

① Neill Nugent, *The Government and Politics of the European Union* (3rd *Edition*), p. 300.

立法相比。

在很多情况下，规则和项目的执行取决于委员会如何与各国机构合作，后者实际上操作大多数共同体的规则和项目。①在共同外交与安全政策、司法和内政合作等领域，不仅是欧洲议会，委员会的地位也十分边缘化。在这些领域，理事会仍然是最后的决策者。②

从20世纪80年代以来，欧洲议会获得了一些立法权力，其地位变得更加重要。《里斯本条约》进一步巩固和提升了欧洲议会在欧盟治理结构中的地位和作用。欧洲议会的立法权和预算控制权将有所扩大。在一些已经制定了规则的具体领域，欧洲议会具有实际的影响。但是，在一些十分重要的领域——共同外交与安全政策、司法和内政合作，甚至共同农业政策——议会几乎没有什么作用。③ 因此，欧洲议会的作用虽然在今后可能进一步发挥更大的作用，但到目前为止，它的作用仍然是有限的。

第二，进一步分析理事会的表决方式，尽管特定多数表决将成为理事会决策的基本程序，但在理事会内，政府间主义仍然占了上风。

理事会的表决方式主要有简单多数、特定多数和一致同意三种议决方式。按照1966年的《卢森堡妥协案》，在事关成员国重大国家利益时，一律以一致同意来决定。这实际上给了每个成员国以否决权。在《单一欧洲法令》和《欧洲联盟条约》签订后，特定多数议决权的范围大大扩大。在共同体体制下的领域，特定多数规则已经建立起来，如在欧共体范围内的大部分领域；而在欧盟体制处于初期发展时期或在政府坚持保持更多控制的领域，则实行一致同意，如共同外交与安全政策和司法与内政的合作，等等。在有些领域，规则已经建立起来，欧洲议会也没有干预的机会，如农业领域。尽管从理论上说，实行特定多数议决权的领域越来越多，但是在实践过程中，寻求共识的习惯根深蒂固，一般都尽量协商解决，投票的情况是很少见的。④在欧盟行为体之间有大量非正式的和非结构性的渠道。这样的例子比比皆是，从有时在欧洲理事会会谈时举行晚餐会后的讨论到多次不断的试探、电话联系、午餐、院外集会、预会，后者已经成为布鲁塞尔、斯特拉斯

① Helen Wallace and William Wallace (ed.): *Policy – Making in the European Union* (4th *Edition*), p. 15.

② Ibid., p. 18, 20.

③ Ibid., p. 21.

④ Ibid., p. 19.

堡、卢森堡和各国首都的欧盟生活的一部分。① 因此，在理事会内，民族国家的影响力占据了重要的地位，政府间主义占了上风。

《里斯本条约》在新插入《马约》的第 9C 条款第 3 款中规定："除非条约另有规定，理事会以特定多数议决。"这表明，特定多数表决将成为理事会决策的基本程序。这给了理事会的议决以可能性，但是，如何能够打破根深蒂固的寻求共识的习惯，这还需要一定的过程。

再看欧洲理事会。欧洲理事会本身就是一个政府间机构。在欧洲理事会上，协商和妥协是它的工作方式。特定多数议决不是它的工作方式。要改变长期形成的工作方式，也不是一件容易的事情。

第三，欧盟的命运掌握在成员国手里。事关欧盟命运的重大事件和条约的签订，都由欧洲理事会最后谈判决定，在除欧共体之外的许多领域，成员国都有否决权。重大条约签订后，需要通过各国议会的批准或全民公决。因此，欧盟是否向前发展，如何发展，实际上仍掌握在民族国家的手中。

可以看出，欧盟政治体系划分为立法、行政和司法三种权力，且政策过程中三权的运作与主权国家有较大程度的相似性。但是，由于欧盟仍然是主权国家的联合体，其决策过程难以完全依照主权国家的模式，如欧洲议会在立法上的弱势、各国在司法等方面的独立权力等，都使欧盟区别于一个主权国家。

第四，《里斯本条约》对欧盟的机构和决策作出了一系列规定，有望提高决策效率，加强欧盟层面的决策能力，②但民族国家的力量仍然很大。

《里斯本条约》保持和改善了欧盟的有效决策，提高了决策效率。③在《里斯本条约》中，欧盟调整了特定多数表决程序，并扩大其实施范围，在推行多数表决上有了一定进展。在特定多数程序的具体实施上，《里斯本条约》在新插入《马约》的第 9C 条款第 3 款中规定："除非条约另有规定，理事会以特定多数议决。"这表明，特定多数表决将成为理事会决策的基本程序。通过修改《罗马条约》，《里斯本条约》将特定多数程序的实施范围扩大到新的政策领域。

在《尼斯条约》中，各成员国在理事会表决时按其国力加权，特定多数

---

① Neill Nugent, *The Government and Politics of the European Union* (3rd *Edition*),, p. 298.

② 参见戴炳然《解读〈里斯本条约〉》，《欧洲研究》2008 年第 2 期，第 53—65 页。

③ 同上书，第 61—65 页。

需取得345票中的255票（72%），其实较为偏袒小国。《里斯本条约》规定，从2014年11月起，特定多数需包括双重多数，即同时包括55%的成员国多数和65%的欧盟人口多数；为了避免少数大国凭借人口优势阻挠决策，条约还规定阻断此多数的少数必须至少四个国家，也就是说，如果持反对立场的少数不足四个国家，即便特定多数没能包括65%的欧盟人口，也将被认为是成立的。

随着共同决策程序成为“普通立法程序”，由750位议员和一位主席组成的欧洲议会的权力将进一步增大，新的预算程序需经理事会和欧洲议会共同批准方可通过。

各国的国家议会也更多地参与到立法过程之中。各国议会将被告知立法提案，并将有8个星期的时间就该提案提出意见。特定多数投票方式被扩大到新的政策领域。

此外，还引入了欧盟公民立法动议权，从而使获得一百万以上欧盟公民签名的立法动议可以成为提案。

欧洲理事会成为欧盟正式机构、委员会成员的减少等，也可起到提高决策效率的作用。

《里斯本条约》以“欧洲联盟”取代“欧洲共同体”，使之成为唯一实体，并赋予它以法人地位。欧盟取得法人的地位，意味着它可以参加相关的国际谈判、缔结国际协定和成为国际组织的成员。欧盟派驻第三方的使团，也将由现在的“委员会代表团”（Commission Delegation），改称为“欧盟代表团”（Union Delegation），并受高级代表的领导。

此外，欧洲议会和委员会的作用有所提高。欧洲议会的立法权有了实质性的扩张和提升。《里约》将原来的“共同决定”程序确定为欧盟的“通常立法程序”（Ordinary Legislative Procedure），并适用于几乎所有以特定多数议决的场合。《里约》还取消了欧盟预算中“强制性开支”与“非强制性开支”之分，从而也扩大了欧洲议会的预算修改权和控制权。①在委员会主席的选择与任命上，欧洲议会的权力也有重要的扩展。在委员会主席的任命上，《里约》只是将欧洲议会的作用由“同意”欧洲理事会的提名改为就此提名进行“选举”，但是，新插入《马约》的第9D条规定，欧洲理事会的提名

---

① 按照原来的规定，欧洲议会对预算中的“非强制性开支”在理事会规定的限额内有修改权，但对农业开支等“强制性开支”只有建议修改权。

"应考虑到欧洲议会的选举，并事先进行适当磋商"。这一规定不仅将使欧洲议会有权参与委员会主席的提名，而且要使主席的人选反映欧洲议会中的党派构成。在新插入《马约》的第33条（取代原来的第48条）中，《里约》还赋予欧洲议会以修改条约的提议权，而原来只有成员国与委员会有此权力。欧洲议会是欧盟体制中唯一直接民选的机构，其立法、预算与政治控制权力的扩大，有助于改善欧盟官僚政治的形象，争取民众的支持。同时，还有助于提高欧洲议会的声望和地位，引起各国政党、政府和民众对欧洲议会及其选举的重视，从而提高欧洲议会与议员本人的素质。

委员会的地位有所提高。《里约》规定，委员会主席由欧洲议会选举产生，使委员会增加了一些合法性。委员会的成员人数减少，不再是一个国家派一名成员，也提高了委员会的超国家形象。新的体制中，主席的地位和权威得到进一步增强：他（她）将负责委员会的政治领导，有权调整委员会的组织结构，并负责委员会的组成，确定成员人选、任命副主席、任免成员职务等，这应该有助于提高工作效率。但在外交与安全政策上，委员会的作用仍然有限。

尽管《里斯本条约》在提高决策效率、提高委员会和欧洲议会的地位等方面有一定的进展，但是民族国家的作用仍然很强大。在成员国与欧盟的关系上，为了平息成员国对权力越来越向欧盟集中的担忧，条约规定了一系列的措施。条约强调以授权（conferral）原则、辅从性（subsidiarity）原则和相称性（proportionality）原则作为处理欧盟与成员国之间职能和权力分配的准则。改写后的《马约》第5条第1款规定："联盟职能的范围受授权原则的制约，联盟职能的行使受辅从性和相称性原则的制约。"这个规定的意思是：欧盟的职能不得超越条约授权的范围，欧盟的扩权仅限于必须在欧盟一级采取行动的场合，欧盟权力的行使不得超越实现目标所需的限度。此外，在《马约》"关于民主原则的规定"一编（即第二编）中，引入了一项新规定，要求委员会在向理事会与欧洲议会提交立法建议时，同时送交各成员国议会，由后者审议提案是否符合辅从性与相称性原则。《里约》还在《罗马条约》的"第一部分原则"中插入了一编"第一编联盟职能的类别与领域"，将欧盟职能区分为欧盟所专有的权力、与成员国分享的权力、协调成员国行动的权力、支持和补充成员国行动的权力等类。可见，在欧盟与民族国家的较量中，民族国家的力量仍然很强大。

在制定政策时委员会的委员和委员会的官员不会完全抛弃他们与国家的

联系和对国家的忠诚，如我们在讨论农业、渔业和贸易时已经看得很清楚。大多数委员会委员受雇于各自国家的政府，而且许多人在任期结束后会重返国内政治生活。这都使民族国家的力量趋于强大。

本章小结：

对欧盟的决策机构和决策程序的分析表明，欧盟的主要立法机构仍是理事会，欧盟委员会的立法功能是很有限的。欧盟的决策机构主要是理事会和欧洲理事会，而这两个机构都是代表各成员国的。在《里约》中，尽管欧盟的决策效率将有所提高，欧盟机构的决策权力有所扩大，但是在欧盟与民族国家的较量中，民族国家的力量仍然很强大，欧盟的命运实际上掌握在各民族国家的手里。但是，由于《里约》中欧洲议会在立法中的作用不断增强、委员会的地位有所提高，表明超国家性质的发展具有一定的潜力和可能性。政府间主义的强大并不能完全中止超国家主义的发展。

结 语

在欧洲一体化的实践中，法德和解成为欧洲一体化的前提和基础，成员国的选择和行为对欧洲一体化产生了深远的决定性的影响。而20世纪60—70年代英法之间的矛盾和冲突则成为英国加入共同体的主要障碍，把英国挡在共同体之外10年之久。英法之间的矛盾对共同体的扩大和发展同样产生了深远的影响。可以看出，民族国家参与共同体的愿望和政策选择对于共同体的发展至关重要。

对欧盟的决策机构和决策程序的分析表明，欧盟的主要立法机构仍是理事会，欧盟委员会的立法功能是很有限的，欧洲议会在立法中的作用虽然得到了增强，但其仍无法撼动理事会在立法中的地位。欧盟的决策机构主要是理事会和欧洲理事会，而这两个机构都是代表各成员国的。尽管《里约》中特定多数表决将成为理事会决策的基本程序，但在理事会内，政府间主义仍然占了上风。因此，欧盟的命运仍掌握在民族国家的手里。

那么，欧洲联盟到底是什么样性质的共同体呢？

我们先明确一些概念。

在国际法上，国家有单一国和复合国或者国家联合之分。单一国是一个统一的主权体。在单一国中，只有一个中央最高权力，在对外关系上代表国家全体，作为一个单一的国际法主体出现。单一国的政权组织形式为统一的国家权力机关和行政机关、统一的宪法、统一的军队、统一的外交机关等。① 国际法的主体通常是单一的主权国。

而复合国或国家联合则是指两个或两个以上的国家组成的联合体。联邦和邦联是其中最常见的两种形式。

---

① 参见周鲠生《国际法》（上册），商务印书馆1976年版，第76页；佟连发主编《国际法学》，北京大学出版社2003年版，第57页。

联邦是两个或两个以上的邦国组成的永久的联合，具有联邦宪法和联邦政府，对各邦和它们的人民直接行使权力。其特点：一是，在内政上，联邦的成员根据联邦宪法划分联邦及各成员邦之间的权限；在对外关系上则完全由联邦政府以联邦的名义进行。二是，联邦构成国际法主体，有权代表联邦宣战、媾和、缔结条约、派遣和接受外交使节，而各成员邦自己不能对外国宣战、媾和、缔结条约、派遣和接受外交使节。三是，联邦内的公民具有共同的国籍。美国、加拿大、德国、瑞士等国都是联邦制国家。

邦联是两个或两个以上的主权国家依国际条约组成的松散的、不巩固的国家联合体，具有自己的机关，对各邦行使一定的权力，而不对各邦的人民行使权力。其特点：一是，邦联的各邦保有自己直接对外交往的权力，在某些对外关系上由一个中央权力代表全体。二是，各邦仍旧是主权国家，是国际法的主体，邦联本身并不构成一个国家，只是因为对外关系的一部分由中央权力主持，因此它具有一定的国际地位。三是，邦联内的公民没有一个共同的国籍，各邦各有其本邦的国籍。历史上主要的邦联有 1778 年至 1789 年的美利坚合众国，1820 年至 1866 年的德意志同盟和 1815 年至 1848 年的瑞士同盟。[①]

欧盟具有国际法主体资格。欧盟能独立地承担国际法所赋予的权利和义务，如欧盟在世界 135 个国家和地区派驻了欧盟外交使团；欧盟可以缔结国际条约、承担国际权利和义务等。[②]此外，欧盟拥有超国家性质的委员会、拥有直接选举的欧洲议会，以及《里约》中规定的将设立欧洲理事会常任主席和欧盟外交与安全政策高级代表，都使它具有联邦的某些特点。

但是，欧盟的邦联因素也很突出：首先，欧盟的国际法主体资格并未影响其成员国的国际法主体地位，各成员国仍是独立的主权国家。欧盟是在条约基础上的联盟，是一种“国家间的契约性联盟”，它本身不是表现为一个民族或国家组成的统一体，而是表现为多个国家组成的整体。[③]目前，欧洲政府的诞生并不是指日可待的事，欧洲议会虽然是唯一直接选举的跨国议会，但它还不是常规意义上的议会，它在欧盟的立法中无权发挥主要作用，无权选举欧洲政府。其次，欧盟政体的本质是一种“宪政妥协”。具体地说，它

---

① 参见周鲠生《国际法》（上册），第 78—80 页。

② 刘文秀：《界定欧盟政体性质的几个因素》，《欧洲研究》2004 年第 1 期，第 91 页。

③ 房乐宪：《邦联主义与欧洲一体化》，《欧洲研究》2003 年第 4 期，第 77 页。

是一个法制政体，致力于解决政府不需要承担的政策方面的问题。欧盟在中央银行、竞争法、环境政策、欧盟的对内、对外贸易政策以及市场规范等功能领域发挥主要作用；而在社会福利体系（这是欧盟现代民族国家最重要的功能特性）、医疗体系、教育、安全防务和基础设施等领域则都见不到欧盟的身影。安德鲁·莫劳夫奇克曾经把欧盟与联邦制的美国进行比较。美国70%的公共支出是被联邦政府花掉的，各州政府只掌控30%；而欧盟的结构基金给付只占欧盟地区所有支出的3%，这意味着布鲁塞尔只拥有3%的支配权，其余的97%是由成员国政府掌握。在人力方面，布鲁塞尔只有2万名雇员，而美国联邦政府的雇员达到200万人。因此，欧盟不具备独立行使规则的能力，它要依赖成员国政府。而且，欧盟不能直接处理税收体系、官僚体系等它无权管理的问题，所以，与美国相比，欧盟是一个权力非常分散的政体。目前欧盟所有重要的问题，如福利、税收、安全，等等，都仍旧停留在民族国家层面，要通过民族国家来解决重要问题。因此，莫劳夫奇克认为，"欧盟现在仍然处在宪政妥协的状态之中"①。

这种独特的现象表明，欧洲联盟既不同于一般的国际组织，也不是联邦或邦联。但是，欧盟兼具联邦和邦联的一些特征，有人称之为准联邦。可以说，欧盟是介于国家和超国家之间的一个新型的形式。

2000 年 12 月，欧盟各国在法国尼斯召开首脑会议，在欧盟委员会规模与构成、理事会投票权数、扩大特定多数表决制等方面达成了一致意见，为欧盟东扩提供了制度保证。2004 年欧盟正式扩大到 25 国。为使欧洲政治适应欧盟的扩大，2001 年 12 月 15 日，欧盟发表《莱肯宣言》，决定成立制宪筹备委员会，对欧盟机构和成员国之间的制度权限提出全面的改革建议。2004 年 10 月 29 日，欧盟 25 国领导人在意大利首都罗马签署了《欧洲宪法条约》。《欧盟宪法条约》的签署标志着欧洲政治一体化进程取得了重大进展。然而，在事关国家主权的外交、国防、司法和税收等领域，宪法保留了每个成员国的一票否决权。《欧洲宪法条约》先后遭到法国与荷兰全民公决的否决，但《里斯本条约》将《欧洲宪法条约》中绝大多数实质性内容都纳入其中，而且在权力向欧盟集中方面作出了不少规定。但是，随着一体化的深入，权力愈是向欧盟集中，成员国维护其国家主权和个性的民族主义情

① 2004 年 9 月 20 日，安德鲁·莫劳夫奇克在中国社会科学院欧洲所所做的题为《欧盟宪法的本质》的演讲。

绪愈是强烈。民族国家仍然保留着对一体化的控制权。

从欧盟的历史和最新发展状况可以看出：到目前为止，欧洲一体化的发展未超越民族国家的框架，带有明显的政府间性质。一体化由民族国家创建和推动；民族国家政府基本上控制着一体化的进程和发展方向；民族国家是一体化过程的推动者或阻滞者；机构改革和决策过程是政府间讨价还价、维护自己国家利益的过程。总之，民族国家仍有很强的生命力，民族国家的意识仍很强大。然而，一体化进程中超国家机构的建立和发展表明：超国家性质的发展不容忽视，在今后仍有发展的潜力和可能性。

超国家主义和国家中心主义的争论核心是民族国家在一体化进程中的作用，或者说，是民族国家与一体化的关系。超国家主义的理论是自由主义的，带有理想主义的成分，认为随着跨国交流的增长，民族国家在许多时候成了阻碍利益实现的僵硬外壳。至少在已经一体化的领域，民族国家已经退出，超国家机制登上了历史舞台。但是，超国家主义的逻辑困境是：国家为什么要选择限制其主权的道路？一体化的动力来自哪里？国家中心主义的一体化理论是现实主义的，认为一体化是成员国创造的，服务于成员国的利益，成员国政府基本上控制着一体化的进程和发展方向。决策过程也是成员国政府之间讨价还价的过程。然而，国家中心主义的理论却无法解释超国家性质的发展。

本书认为，从共同体发展的实证研究、从欧盟的机构设置与决策程序、从欧盟的国际法地位等几个方面，可以看出，欧盟是一个以超国家性质为主要特征的、超国家与政府间性质并存的、高度一体化的区域性经济政治组织，一体化与民族国家之间是对立统一的关系，它们相互促进、相辅相成，欧洲一体化的早期发展史似乎也证明了两者能相互促进。但是，随着一体化的深入和发展，一体化对民族国家的主权不断进行侵蚀。不可否认，欧洲一体化的深入与民族国家的发展之间的确存在着难以调和的矛盾。民族国家是否能永远掌握一体化的命运？会不会有一天一体化和民族国家的矛盾进入“临界点”？一体化与民族国家是否会有激烈的拉锯战？一体化机构是否将取代民族国家？我们将拭目以待。

参考文献

一　英文文献

1. *Agricultural Situation in the Community*: 1975 – 1981 *Reports*; Court of Auditors, *Annual Reports* 1977 – 1981.

2. Ambrose, Stephen E., *Rise to Globalism: American Foreign Policy*, 1938 – 1980, New York, 1981.

3. Arter, David, *The Politics of European Integration in the Twentieth Century*, Dartmouth, Aldershot, Brookfield, 1993.

4. Bell, P. M. H., *France and Britain* 1940 – 1994: *the Long Separation*, London and New York: Longman, 1997.

5. Beloff, Lord, *Britain and European Union : Dialogue of the Deaf*, Basingstoke, Hampshire : Macmillan Press Ltd., 1996.

6. Beloff, Max, *The United States and the Unity of Europe*, London; Westport: Greenwood Press, 1976.

7. Beloff, N., *The General Says No: Britain's Exclusion from Europe*, London, 1963.

8. Brinkley, Douglas, and Dean Acheson, The Cold War Years, 1953 – 1971, New Haven: Yale University Press, 1992.

9. Calleo, David P. and Staal, Eric R. (ed.), *Europe's Franco – German Engine*, Brookings Institution Press, Washington D. C., 1998.

10. Camps, Miriam, *Britain and the European Community, 1955 – 1963*, Princeton, N. J. : Princeton University Press, 1964.

11. Dedman, Martin J., *The Origins and Development of the European Union, 1945 – 1995*, Routledge, London, 1996.

12. De Murville, Maurice Couve, *Une Politique Étrangère, 1958 – 1969*, Paris, Plon, 1971.

13. Denman, Roy, *Missed Chances: Britain and Europe in the Twentieth Century*, London: Cassell, 1996.

14. Dinan, Desmond, *Ever Closer Union: An Introduction to European Integration*, (2nd *ed.*), The Macmillan Press Ltd, 1999.

15. European Communities, Statistical Office, *General Statistical Bulletin*, No. 3 (March 1963); No. 4 (June 1984).

16. *FRUS, 1949: III*; *FRUS, 1949: IV*; *FRUS, 1955 – 1957: IV*; *FRUS, 1958 – 1960, VII*; *FRUS, 1959 – 1960, VII*; *FRUS, 1961 – 1963: XIII.*

17. Gerbet, Pierre, *La Construction de l' Europe*, Nouvelle édition révisée et mise à jour, Imprimerie Nationale, 1994.

18. Giauque, Jeffrey G., "The United States and the Political Union of Western Europe, 1958 – 1963", in *Contemporary European History*, Vol. 9, Part 1, March 2000.

19. Gildea, R., *France since 1945*, Oxford: Oxford University Press, 1996.

20. Gowland, David and Turner, Arther, *Reluctant Europeans: Britain and European Integration, 1945 – 1998: A Documentary History*, London: Pearson Education Limited, 2000.

21. Greenwood, Sean, *Britain and European Cooperation Since 1945*, Blackwell, 1992.

22. Guyomarch, Alain, and Machin, Howard, and Ritchie, Ella, *France in the European Union*, London: MacMillan Press Ltd, 1998.

23. Haas, Ernst, *The Uniting of Europe: Political, Social, and Economic Forces, 1950—1957*, Stanford: Stanford University Press, 1958.

24. Hendriks, Gisela, and Morgan, Annette, *The Franco – German Axis in European Integration*, Cheltenham: Edward Elgar; MA: Northampton, 2001.

25. Hill, B. E., *The Common Agricultural Policy, Past, Present and Future*, London, 1984.

26. Hogan, Michael, *The Marshall Plan: America, Britain, and the Reconstruction of Western Europe, 1947 – 1952*, Cambridge University Press, 1987.

27. Killick, John, *The United States and European Reconstruction, 1945 –*

1960, Keele University Press, 1997.

28. Kitzinger, Ume, *Diplomacy and Persuasion: How Britain Joined the Common Market*, Thames & Hudson, 1973.

29. Lister, Louis, *Europe's Coal and Steel Community: an Experiment in Economic Union*, New York: Twentieth Century Fund, 1960.

30. Lundestad, Geir, *Empire by Integration: The United States and European Integration, 1945 - 1997*, Oxford University Press, 1998.

31. May, Alex, *Britain and Europe Since 1945*, Longman, 1999.

32. May, Alex (ed.), *Britain, the Commonwealth and Europe: The Commonwealth and Britain's Applications to Join the European Communities*, Palgrave Publishers Ltd, 2001.

33. McCormick, John, *The European Union: Politics and Policies*, Oxford: Westview Press, 1996.

34. McDonald, Frank and Deardon, Stephen, (ed.), *European Economic Integration* (3rd ed.), Longman, 1999.

35. Milward, Alan S., with the assistance of George Brennanand Federico Romero, *The European Rescue of the Nation - State*, London: Routledge, 1992.

36. Milward, Alan S., *The Frontier of National Sovereignty: History and Theory, 1945 - 1992*, London: Routledge, 1993.

37. Milward, Alan S., *The Reconstruction of Western Europe, 1945 - 1951*, London: Methuen & Co. Ltd, 1984.

38. Neville - Rolfe, Edmund, *The Politics of Agriculture in the European Community*, Policy Studies Institute, London, 1984.

39. Northedge, F. S., *Descent from Power: British Foreign Policy*, 1945 - 1973, London: George Allen & Unwin, 1974.

40. Nugent, Neill, *The Government and Politics of the European Union* (3rd Edition), Durham, NC: Duke University Press, The MacMillan LTD, 1994.

41. Nunnerley, David, *President Kennedy and Britain*, London: Bodley Head, 1972.

42. O'Neill, Michael, *The Politics of European Integration: A Reader*, London: Routledge, 1996.

43. Pedersen, Thomas, *Germany, France and the Integration of Europe: A*

Realist Interpretation, London: Pinter; New York, 1998.

44. Pimlott, Ben, *Harold Wilson*, Harper and Collins, 1992.

45. Reiss, Hans, (ed.), translated by H. B. Nisbet, *Kant's Political Writings*, London: Cambridge University Press, 1971.

46. Reynolds, David, *Britannia Overruled : British Policy and World Power in the Twentieth Century*, London ; New York : Longman, 1991.

47. Salmon, Trevor and Sir Nicoll, William (eds.), *Building European Union: A Documentary and Historical Analysis*, Manchester and New York: Manchester University Press, 1997.

48. Sharp, Alan and Stone, Glyn (ed.), *Anglo – French Relations in the Twentieth Century: Rivalry and cooperation*, London and New York: Routledge, 2000.

49. Stirk, Peter, and Weigall, David, (ed.), *The Origins and Development of European Integration: A Reader and Commentary*, London and New York: Pinter, 1999.

50. Stirk, Peter M. R., *A History of European Integration Since 1914*, London: Pinter, 1996.

51. Strang, Gavin, "E. E. C. Agricultural Policy", in*The Year Book of World Affairs 1979*, Vol. 33, London: Stevens & Sons, 1979.

52. Urwin, Derek W., *The Community of Europe: A History of European Integration Since 1945*, London ; New York : Longman, 1991.

53. Urwin, Derek W., *A Political History of Western Europe Since 1945* (*5th ed.*), London: Longman, 1997.

54. Wallace, Helenand Wallace, William, (ed.): *Policy – Making in the European Union* (4th Edition), Oxford: Oxford University Press, 2000.

55. Warner, Geoffrey and Deighton, Anne, "British Perceptions of Europe in the Postwar Period (II)", in *Les Europe des Européens*, sous la direction de René Girault, en collaboration avec Gérard Bossuat, Publication de la Sorbonne, 1993.

56. Wilkes, George, *Britain's Failure to Enter the European Community, 1961 – 1963: the Enlargement Negotiations and Crises in European; Atlantic and Commonwealth Relations*, FRANK CASS & CO. Ltd, 1997.

57. Willis, F. Roy, *France, Germany, and the New Europe, 1945 – 1967*, London: Oxford University Press, 1968.

58. Wilson, Harold, *Final Term: The Labour Government*, 1974 - 1976, Michael Joseph, 1979.

59. Winand, Pascaline, *Eisenhower, Kennedy, and the United States of Europe*, London: Macmillan, 1993.

60. Wurm, Clemens, (ed.), *Western Europe and Germany: The Beginnings of European Integration, 1945 - 1960*, Oxford : Berg Publishers; Washington, 1995.

61. Young, John W., *Britain and European Unity, 1945 - 1999*, MacMillan Press Ltd, 2000.

二 中文文献(包括译著)

1.《马克思恩格斯选集》第 3 卷,人民出版社 1972 年版。

2. 伍贻康等:《欧洲经济共同体》,人民出版社 1983 年版。

3. [英] A. M. 阿格拉编著:《欧洲共同体经济学》,戴炳然、伍贻康等译,上海译文出版社 1985 年版。

4. [英] 约翰·平德编:《联盟的大厦:欧洲共同体》,潘琪译,辽宁教育出版社 1998 年版。

5.《西欧共同市场》编写组编:《西欧共同市场》,上海人民出版社 1973 年版。

6. 戴炳然译:《欧洲共同体条约集》,复旦大学出版社 1993 年版。

7. 杨生茂主编:《美国外交政策史 1775—1989》,人民出版社 1991 年版。

8. 法学教材编辑部《国际关系史资料选编》编选组:《国际关系史资料选编》下册(1945—1980),武汉大学出版社 1983 年版。

9.《国际条约集》(1648—1871),世界知识出版社 1984 年版。

10. 李世安、刘丽云等:《欧洲一体化史》,河北人民出版社 2003 年版。

11. 张芝联主编:《法国通史》,北京大学出版社 1988 年版。

12. [法] 皮埃尔·热尔贝:《欧洲统一的历史与现实》,丁一凡等译,中国社会科学出版社 1989 年版。

13. [法] 戴高乐:《战争回忆录》第 3 卷《拯救,1944—1946》,世界知识出版社 1981 年版。

14. [法] 戴高乐:《希望回忆录》第 1 卷《复兴,1958—1962》,上海人民出版社 1973 年版。

15. ［法］罗歇·马西普：《戴高乐与欧洲》，复旦大学世界历史系世界史组译，上海人民出版社 1973 年版。

16. ［法］阿尔弗雷德·格鲁塞：《法国对外政策，1944—1984》，陆伯源、穆文等译，世界知识出版社 1989 年版。

17. ［德］阿登纳：《阿登纳回忆录》（一），上海人民出版社 1976 年版。

18. ［德］阿登纳：《阿登纳回忆录》（三），上海人民出版社 1973 年版。

19. ［法］让·莫内：《欧洲之父——莫内回忆录》，孙惠双译，国际文化出版公司 1989 年版。

20. 国际关系研究所编译：《戴高乐言论集（1958 年 5 月—1964 年 1 月）》，世界知识出版社 1964 年版。

21. 李巍、王学玉编：《欧洲一体化理论与历史文献选读》，山东人民出版社 2001 年版。

22. 胡瑾、郇庆治、宋全成：《欧洲早期一体化思想与实践研究（1945—1967）》，山东人民出版社 2000 年版。

23. ［法］弗朗索瓦·卡龙：《现代法国经济史》，吴良健、方廷钰译，商务印书馆 1991 年版。

24. 张锡昌、周剑卿：《战后法国外交史，1944—1992》，世界知识出版社 1993 年版。

25. ［英］哈罗德·麦克米伦：《麦克米伦回忆录》第 3 卷《时来运转》，张理京等译，商务印书馆 1980 年版。

26. ［英］哈罗德·麦克米伦：《麦克米伦回忆录》第 4 卷《乘风破浪》，余航等译，商务印书馆 1982 年版。

27. ［英］哈罗德·麦克米伦：《指明方向，1959—1961 年》，商务印书馆翻译组译，商务印书馆 1973 年版。

28. ［英］哈罗德·麦克米伦：《麦克米伦回忆录》第 6 卷《从政末期》，商务印书馆 1980 年版。

29. ［英］乔治·哈钦森：《爱德华·希思》，复旦大学资本主义国家经济研究所编译组译，上海人民出版社 1973 年版。

30. 洪邮生：《英国对西欧一体化政策的起源和演变（1945—1960）》，南京大学出版社 2001 年版。

31. 杨冬燕:《苏伊士运河危机与英美关系》,南京大学出版社 2003 年版。

32. 陈乐民主编:《战后英国外交史》,世界知识出版社 1994 年版。

33. [英] 爱德华·希思:《旧世界 新前景——英国,共同市场和大西洋联盟》,北京大学法律系编译组译,商务印书馆 1973 年版。

34. 赵怀普:《英国与欧洲一体化》,世界知识出版社 2004 年版。

35. [英] 阿伦·斯克德、克里斯·库克:《战后英国政治史》,王子珍、秦新民译,世界知识出版社 1985 年版。

36. 《威尔逊及其对外主张》编译组:《威尔逊及其对外主张》,上海人民出版社 1975 年版。

37. 陈乐民:《"欧洲观念"的历史哲学》,东方出版社 1988 年版。

38. [意] 玛利娅·格拉齐娅·梅吉奥妮:《欧洲统一 贤哲之梦——欧洲统一思想史》,陈宝顺、沈亦缘译,世界知识出版社 2004 年版。

39. 郭华榕、徐天新主编:《欧洲的分与合》,京华出版社 1999 年版。

40. 李毅夫、赵锦元主编:《世界民族概论》,中央民族学院出版社 1993 年版。

41. 王沪宁:《国家主权》,人民出版社 1987 年版。

42. [法] 琼·博丹: 《论主权》 (Jean Bodin, *On Sovereignty*, Four Chapters from The Six Books of the Commonwealth, Cambridge University Press, 1992),影印版,中国政法大学出版社 2003 年版。

43. 肖佳灵:《国家主权论》,时事出版社 2003 年版。

44. 王哲:《西方政治法律学说史》,北京大学出版社 2001 年版。

45. [意] 萨尔沃·马斯泰罗内主编: 《当代欧洲政治思想 (1945—1989)》,黄华光译,社会科学文献出版社 1998 年版。

46. 陈玉刚:《国家与超国家——欧洲一体化理论比较研究》,上海人民出版社 2001 年版。

47. [英] 弗兰西斯·斯奈德:《欧洲联盟法概论》,宋英编译,北京大学出版社 1996 年版。

48. 曾令良:《欧洲联盟法总论——以〈欧洲宪法条约〉为新视角》,武汉大学出版社 2007 年版。

49. 罗志刚、严双伍主编:《欧洲一体化进程中的政治建设——国家关系的新构建》,人民出版社 2009 年版。

50. ［德］贝娅特·科勒－科赫等《欧洲一体化与欧盟治理》，顾俊礼等译，中国社会科学出版社 2004 年版。

51. 朱贵昌：《多层治理理论与欧洲一体化》，山东大学出版社 2009 年版。

52. ［美］安德鲁·莫劳夫奇克：《欧洲的抉择——社会目标和政府权力：从墨西拿到马斯特里赫特》，赵晨、陈志瑞译，社会科学文献出版社 2008 年版。

53. 郇庆治：《多重管治视角下的欧洲联盟政治》，山东大学出版社 2002 年版。

54. ［美］约瑟夫·威勒：《欧洲宪政》，程卫东等译，中国社会科学出版社 2004 年版。

55. 周鲠生：《国际法》（上、下册），商务印书馆 1976 年版。

56. 佟连发主编：《国际法学》，北京大学出版社 2003 年版。

57. 刘文秀、埃米尔·J. 科什纳等《欧洲联盟政策及政策过程研究》，法律出版社 2002 年版。

58. 李宏图：《论近代西欧民族主义和民族国家》，《世界历史》1994 年第 6 期。

59. 张树青、刘光华：《关于民族国家的思考》，《兰州大学学报（社会科学版）》1999 年第 4 期。

60. 黄正柏：《斯皮内利的欧洲联邦思想和争取欧洲联邦的早期努力》，《华中师范大学学报（人文社会科学版）》第 43 卷第 1 期，2004 年 1 月。

61. 郇庆治、胡瑾：《联邦主义与功能主义之争：欧洲早期政治一体化理论》，《欧洲》1999 年第 6 期。

62. 房乐宪：《联邦主义与欧洲一体化》，《教学与研究》2002 年第 1 期。

63. 房乐宪：《政府间主义与欧洲一体化》，《欧洲》2002 年第 1 期。

64. 房乐宪：《邦联主义与欧洲一体化》，《欧洲研究》2003 年第 4 期。

65. 张茂明：《欧洲一体化理论中的政府间主义》，《欧洲》2001 年第 6 期。

66. 洪邮生：《独树一帜的欧洲一体化理论——评米尔沃德的“民族国家选择论”》，《南京大学学报》（哲学·人文科学·社会科学）2004 年第 2 期。

67. 洪邮生：《欧洲一体化研究中的“欧洲修正派”述评》，《欧洲研究》2004 年第 5 期。

68. 刘文秀:《界定欧盟政体性质的几个因素》,《欧洲研究》2004 年第 1 期。

69. 戴炳然:《解读〈里斯本条约〉》,《欧洲研究》2008 年第 2 期。

后　记

本书是在我的博士论文基础上修改而成的，在写作过程中得到了许多师友的帮助和指导，在此谨表最真诚的谢意。

首先要感谢我的导师，中国社会科学院世界历史研究所的周荣耀研究员，在本书从选题到完成的各个阶段，他都倾注了心血，给予我很大帮助。中国社会科学院欧洲研究所顾俊礼研究员、王振华研究员、马胜利研究员，中国社会科学院世界历史研究所的张顺洪研究员、吴必康研究员给予我许多有益的指教。世界历史研究所的徐再荣研究员、金海副研究员与我进行交流切磋，给予我热情的鼓励和帮助。

感谢中欧高等教育合作项目和我国教育部给予我出国资助，使我在英法两国进修期间获得了许多难得的资料。

还要感谢中国社会科学院科研局和世界历史研究所科研处的各位同事，为本书的出版提供了诸多帮助和支持。感谢中国社会科学出版社的郭沂纹女士为本书的编辑、出版所花费的心血。感谢责任编辑丁玉灵的辛勤工作。

最后要感谢我的父母，从我写作博士论文起，他们就与我在一起生活，对我的关心和照顾无微不至。还要感谢我的丈夫刘忠理解和支持我的工作，同时，他花费了很多时间照看我们的女儿，使我有时间和精力从事研究工作。希望本书的出版是对他们的一点回报。

2012 年 12 月